REENCUENTRO

重逢

最后的对话 3

DIÁLOGOS INÉDITOS

［阿根廷］

豪尔赫·路易斯·博尔赫斯

［阿根廷］

奥斯瓦尔多·费拉里

— 著 —

曾琳 译

新 星 出 版 社 NEW STAR PRESS

新经典文化股份有限公司
www.readinglife.com
出　品

目录 Contents

序

博尔赫斯是我们，我们是博尔赫斯

十四年过去了，我与它们重逢，再次听到博尔赫斯的声音，再次如当初一样赞叹不已，甚至比那时更赞叹有加。“未出版的对话”①有双重含义，一是这里谈到的大部分话题是我们此前从未涉及的，二是这些对话未曾付梓成书。这部合集收录了 1985 年我们最后的几次对话。

博尔赫斯在对话中毫不藏私，他的声音、他的真知灼见和他的想象紧紧相扣，给我带来妙不可言的感受。当我再度走近这些内容，我想到我们第一次谈论叶芝时他说的话：“受伤，因美神伤。”

我们都很期待与博尔赫斯重逢，再次看到他娓娓而谈，读到他充满智慧和敏锐的言辞；再次聆听他永不穷尽的思绪，对文学的热情、对伦理的热情和看待事情时超凡的视角。

此次重逢是对过去一段段相逢的总结。在一场又一场对话的最

① 本书西班牙语原标题直译为“重逢：未出版的对话”。

后，我们相识，相互认可，相互补充，可以说博尔赫斯就是我们，我们也是博尔赫斯。正如他常说的："当我们阅读莎士比亚时，至少有一瞬间我们成了莎士比亚。"时间为我们带来这番对话，我们每一个人读到它们的时候，都将在那么一瞬成为博尔赫斯。

奥斯瓦尔多·费拉里

布宜诺斯艾利斯，1998 年 11 月

第一次对话：1984年3月9日

奥斯瓦尔多·费拉里：那我们就开始每周的电台对话吧，博尔赫斯。首先我想问您的是，一直以来您都沉浸在文字的沉默中进行构思和表达，而现在您正通过电台来谈话和交流，对此您有什么感受呢？

豪尔赫·路易斯·博尔赫斯：我有些紧张。不过，人的一生都在说话中度过，现在是您在与我说话。写作是断断续续的，而对话是接连不断的，不是吗？

费拉里：确实，不过对作家而言，对话似乎是一种自然的表达方式……

博尔赫斯：是的，我也这么认为，柏拉图不也是这么理解的吗？正是他创造了对话。

费拉里：不过，对有些人来说不是，比如音乐家和画家……

博尔赫斯：嗯，他们自然有别的表达方式，而我比较局限……我的方式仅限于文字。主要是书面文字，它与口头语言相差不大。

费拉里：现如今，在我们这个时代，人们认为听觉和视觉传达也是一种沟通方式，如果说听众的存在是能被直观感受的，那么写作的时候您如何预想读者的存在……

博尔赫斯：啊，我不清楚，写作时我似乎……似乎不知疲倦……我喜爱写作。这并不是说我相信我所写的内容的价值，而是我相信写作本身的乐趣。这么说吧，假如我是鲁滨孙·克鲁索，我想我会在我的岛上写作。

费拉里：理解。

博尔赫斯：不去设想读者。

费拉里：不设想读者啊。

博尔赫斯：嗯，我从来不设想读者，我只会尽量用可以被理解的方式写作；这仅仅是出于礼貌，尽管我的对象全部是想象出来的，或不存在的。在我看来含糊其辞并不好。

费拉里：您觉得无须试想沟通，沟通就会突然发生，是吗？

博尔赫斯：对的，我不考虑沟通的问题。而且，当我打算写下什么，是因为我接收到了什么。也就是说，我谦恭地相信灵感的到来。确切地说，我认为所有作家都是誊写员。誊写员不清楚那些文字是谁的，也不清楚它是关于什么的。我们可以像希伯来人那样思考“ruaj”，灵魂；像希腊人那样思考缪斯，或者，像爱尔兰诗人威廉·巴特勒·叶芝那样思考“大记忆”……他认为所有作家都遗传了前人的记忆，也就是全人类的记忆；我们有双亲、四位祖辈，等等，依此类推呈现几何式增长。他认为诗人也许没有很多个人经历，但是拥有无尽的过去……这就是他所说的“大记忆”。我们也可以称之为“潜意识”，只是“大记忆”听起来更优美，不是吗？仿佛永不干涸的泉源。

费拉里：是的。

博尔赫斯：但意思是一样的，即接收到事物，或回忆往事。

费拉里：正好您谈过一个话题，是今天人们越来越不常提及的。我记得您在西班牙接受一个重要奖项时曾经说过，如果灵魂已经通过您向其他人传递了什么，那么您会感到自己的使命已然完成。

博尔赫斯：……我终于感到自得其所了。再说，我唯一可能的使命就是文学的使命。因为，很明显，我现在八十四岁了，马上八十五岁，我还失明了。唉，与我同时代的人大部分已经离世，不过，如您所见，还有许多年轻人围绕在我这位暮年老人身边。我有时会独处，用一个个构想的点子充实这段时光。例如，今早我七点就醒了，但八点半才会有人来叫醒我。我想，那好，让我们来利用一下这段时间。于是，我开始在脑海中天马行空地描画，大致构思了一首十四行诗。过几天，它将被写成一首真正的十四行诗，现在仅仅是打个草稿。可以说我好好度过了独处的时光，我用构想和幻影充实它。只是这样听起来有些可怕，令人惊异，对吗？不过这些幻影并没有纠缠我，是一些惹人喜爱的幻影。

费拉里：我理解，您谈到缪斯，谈到灵魂，谈到由灵魂主导艺术与文学创作的时代。只是如今这些想法似乎已经式微……

博尔赫斯：不，我认为没有，您说呢？我相信所有作家都能感受到自己在接收事物。也就是说，如果作家不接收任何事物，他就无法输出什么。现在我得出了另一个结论，这个结论与我刚刚所说的并不矛盾；噢，恰恰相反，它是对前面观点的补充：作家最好少干预自己的作品。尤其不要掺入自己的见解。可以说，写作是做一场梦，一个人应当尽量真挚地做梦。他知道一切都是虚假的，但对于自己而言却又是真实的。或者说，当我在写作，我是在做梦，并且我也知道自己在做梦，只是我尽量做一场真挚的梦。

费拉里：我理解，但那也有真实的地方；真实之处在于我们有所收获，我们在接收事物，就像您说的。

博尔赫斯：对，我认为是这样的，我们持续不断地接收着。而且，正如此前我多次提到的，一位真正的诗人——我肯定不是，或者偶尔才是——能感受到生命的每一刻都是充满诗意的。有人把诗与散文误解为两个类别的主题，然而它们都应当被看作是诗化的。有的诗人，如沃尔特·惠特曼[①]，他们甚至将生活里的每一刻看作是一生中最神圣的时刻，或者说是最精彩、最有趣的时刻，因为神圣是一个很广博的词。

费拉里：只是……

博尔赫斯：比方说，此时此刻就很特别；您正与我对话，与此同时，如您所说我们周围还环绕着看不见的人群，未来的人们……又或者是想象中的人们。这个想法颇有诗意，不是吗？实际上不只有我和您，还有围坐在阶梯剧场的未来的人们，他们都在我们身边。

费拉里：是的，不过您是否想过，您认为创作是对他者书写或创造的成果的接收，这种想法从某种角度上看大致接近于神秘主义

① 沃尔特·惠特曼（1819—1892），美国诗人、散文家，代表作有《草叶集》。

的观点?

博尔赫斯:嗯,也许吧。

费拉里:因为您需要等待,需要接收,而后才开始表达。

博尔赫斯:我想是这样的。

费拉里:您是否有过这样的感受,做一位诗人或一名作家的同时,也是在做一个神秘主义者?

博尔赫斯:好吧,不过做一个神秘主义者有何不妥呢?不管怎么说,在我看来同时做一个神秘主义者并不冲突。

费拉里:我这么问是因为……

博尔赫斯:嗯,我知道,因为如今文学与新闻、历史的界限模糊了。

费拉里:确实。

博尔赫斯:但我想不是这样的,我认为写作并非是在陈述事件,好吧,我不知道是否该加上"真实"这个词,因为一切都是真实的。但总之我会说,写作不是在陈述发生过的事情,不是那些发生在某人身上、我自己身上……发生在我的想象中的事情……

费拉里:正好,说到想象和记忆的话题。许多人对您的想象感到好奇,您的想象似乎包罗万象,囊括万物。能不能和我们谈谈您的想象和记忆?

博尔赫斯:好的。同犹太裔法国人柏格森[①]一样,我认为记忆是有选择性的,人会选择,记忆会选择。因而,面对不愉快的事情,

① 亨利·柏格森(1859—1941),法国哲学家,1927 年诺贝尔文学奖获得者。

人们倾向于遗忘。我现在知道自己曾在一家疗养院度过了十一个日夜，那是二月份，我躺在床上不能动，因为稍微挪动一下我就可能会失明。可我是经由别人的讲述才知道这件事的。事实上那十一个闷热难忍且无法动弹的日夜，在我的记忆中仅仅是一个瞬间。但是，这件事的全过程一定是很可怕的。现在我说起此事，仿佛它发生在另一个人身上。反之，我乐于回味幸福的时光，有时候可能会夸大当时的幸福感受，这种回忆让我感到愉悦。

费拉里：您对那十一天的记忆，是不是有点类似于您的短篇小说《南方》中的人物达尔曼所拥有的记忆？

博尔赫斯：嗯，对的……不过，当然，我在那篇里指的是另一场手术，毕竟我在疗养院度过了不少时日。但是没关系，我已经将它们遗忘。比如说，那场手术我是在巴勒莫的一家疗养院做的，手术过程漫长，恢复期也很长，那家疗养院位于巴西街，靠近宪法广场。我把它们当作一个个事件来记忆，而不是我的亲身经历。我知道发生了这些事，就像我知道我的祖父十六岁时参加了卡塞罗斯战役[①]那样。也就是说，都是我听来的事情。

费拉里：那么，您认为记忆能够训练吗？通过某种方式，您在时间中训练了记忆，因为似乎这是一段被特意强化了的记忆。

博尔赫斯：我想，可能是由于我失明了。

费拉里：嗯，明白。

---

① 卡塞罗斯是布宜诺斯艾利斯省的城镇，1852 年 2 月 3 日，独裁者罗萨斯指挥的布宜诺斯艾利斯军队在此被乌尔基萨将军（1801—1870，1859 年至 1860 年任阿根廷联邦总统）的军队击败。

博尔赫斯：假设我恢复了视力，自然不会迈出家门，我将阅读身旁这些书籍。它们是那么近，又那么远。不幸的是，现在我无法阅读这些书，只能让别人念给我听，然而这与阅读大不相同，因为像翻动书页这样的动作我已经做不到了。有人过来了，我请求他为我读点东西，于是，他开始按顺序念给我听。但是，类似翻动书页、略读、跳过几页这样的动作我都做不到，可阅读的一大乐趣就在于此呀。

费拉里：但是，这么看来，也许失明恰好带来了记忆和想象。

博尔赫斯：不论如何，即便事实并非如此，我也得试着这么理解。我应该认为失明本身同世上所有事物一样，是一种天赋。当然，我们知道不幸是一种天赋，因为正是在不幸中诞生了悲剧，诞生了……或许还有……所有的诗歌。我不清楚幸福能否起到同样的作用。幸福的终点即为幸福，而不幸的终点并非不幸。一位艺术家的任务，乃至所有艺术家的任务，是将发生在他们身上的事情转化为另一种形式呈现出来。我希望自己成为音乐家或画家，像我妹妹一样，不过我没有，我成了一名作家。所以，我的范围只限于语言文字，我知道我的命运就是卡斯蒂利亚语[①]。我当竭尽所能，潜心于这种媒介及其传统之中，因为每一门语言都是一种传统。今早我写了一首诗，这首诗的主题就是，每门语言都是不同的，每门语言都是一种新的感受世界的方式。目前我正试着学一点日语，难的不是记诵单词，难的是我觉得那个世界离我很遥远，哪怕我对它十分

① 即西班牙语。

喜爱。因为我在日本度过了也许是我一生中最幸福的五个星期，每一个日子都如同一份礼物。我去了六座城市，人们尤其讲究礼节。玛丽亚·儿玉[①]和我一道参观了寺院、花园、河流、神社。

费拉里：听起来似乎您打算立马重游一趟日本。

博尔赫斯：是的。我曾经同僧人谈论佛教和神道教[②]的信仰；我从未想过这件事的可能性，然而，我们的交谈就在当时实现了。这让我感到不可思议。

费拉里：那一刻想象与现实发生碰撞。

博尔赫斯：是的，曾经我甚至以为，到我这个年纪不会再遇到新鲜事，我的人生经历已全数阅尽，留给我的只有一遍又一遍的重复体验。但是后来我收到了这份美妙的礼物：去日本的邀请。日本国际交流基金会邀请我们到日本度过四个星期。最后我们实际上待了五个星期。我对他们说，别向我透露任何行程安排，我希望每天都有一份惊喜，它可以是一座佛教寺院或一座花园；日式小花园不是供人闲逛的，需要用眼睛欣赏，那儿的石块、溪水比花草更值得一看。后来，我还有机会能与作家、僧人——包括佛教僧人和神道教僧人——进行对话。

费拉里：似乎这里存在一种对应，随着时间的流逝，与想象相关的对应。

博尔赫斯：是的。

费拉里：不过，博尔赫斯，您身上还有另一样永不枯竭的特质，

---

① 玛丽亚·儿玉（1937—　），阿根廷作家、记者，博尔赫斯的妻子。

② 日本大和民族和琉球族的本土宗教。

布宜诺斯艾利斯的人们认为它是无可比拟的，即您的智慧。人们习惯了在媒体上了解这样一位富有才智的博尔赫斯……

博尔赫斯：不，我不是有智慧的人，无论如何，我都没有想过成为这样的人……

费拉里：我是指文学上的智慧……

博尔赫斯：那也不是。与人交谈时，我一边还在思考，一边就已经脱口而出。但是我没有想过成为那种有智慧的人。我不喜欢文字游戏……

费拉里：好吧，不过，如果说智慧包括幽默感，行为作风……

博尔赫斯：噢，那就是另一回事了……

费拉里：还有社会、文学。智慧关乎一种看待世界的视角。

博尔赫斯：嗯，是的，可以这么理解。在我这里，我不希望是那样的……

费拉里：或许智慧与天才存在相似之处。

博尔赫斯：……这么说吧，“天才”听起来是一个雄心勃勃的词。“智慧”像是某种虚荣的东西，不是吗？我认为我并非富有才智……

费拉里：试图获得智慧，这是无论如何也做不到的。智慧是无法蓄意得之的。

博尔赫斯：从字面上理解，应该说，我没有智慧。不过，若说的是我会冒出各种各样的想法，那我的确如此。但是，我想到的是虚构幻想的内容，不单是语言游戏，就我个人而言，我并不喜欢语言游戏。尽管我爱押韵，而严格说来押韵也是一种语言游戏（笑）。

费拉里：理解。

博尔赫斯：不过，更确切地说，这是探索诗歌可能性的文字游戏。有人说押韵不过是千篇一律的规则而已，然而一位诗人应当寻求更多别样的组合。因为当一个人读到“sombra”（阴影）时，他已经知道下一个词是“nombra”（任命），不是吗？

费拉里：没错。这是我们的第一场对话，博尔赫斯，我们得和听众们道别了。

博尔赫斯：但是，哎呀，真遗憾……

费拉里：下周五我们还会再见……

博尔赫斯：可我们才聊了不到三分钟……

费拉里：是啊，感觉仿佛才过了三分钟。但时间已经到了……

博尔赫斯：好吧，非常感谢。

费拉里：谢谢您。

博尔赫斯：不，应该说感谢的是我，谢谢。

《天堂与地狱之书》

史蒂文森[①]，班扬[②]

奥斯瓦尔多·费拉里：博尔赫斯，我在您和比奥伊·卡萨雷斯[③]合作编写的《天堂与地狱之书》一书中读到了史蒂文森的段落，叫作《逆天》。

豪尔赫·路易斯·博尔赫斯：没错。

费拉里：开头是这么写的："幸福，无论长久或短暂，都不是人们意欲求得的奖赏……"

博尔赫斯：嗯，萧伯纳的《芭芭拉少校》里有一句相似的话，书中写道："我已经摆脱了天堂的贿赂。"这两句话意思大致相同，对吗？

费拉里：的确，想法一致。

---

① 罗伯特·路易斯·史蒂文森（1850—1894），英国小说家、散文家、诗人，代表作有《金银岛》《化身博士》等。

② 约翰·班扬（1628—1688），英国作家，代表作有《天路历程》《恶人传》等。

③ 阿道夫·比奥伊·卡萨雷斯（1914—1999），阿根廷作家，代表作有《莫雷尔的发明》《俄罗斯套娃》。

博尔赫斯：不过，或许还有另一层含义：单纯拥有幸福是不够的，还需要……付出努力。我们知道，丁尼生[①]写过一首诗，诗中谈到灵魂。他说灵魂不愿意在金灿灿的天堂里休憩，而是宁愿“the work of going on and not to die”（不停工作，不会死去）。灵魂想要的是不断去追逐，不死。灵魂想要的是劳作本身，是工作。我是这么理解的，你觉得呢？

费拉里：是啊，这是实现永恒的一个方式。

博尔赫斯：是的，不过实现永恒需要尽心竭力，需要劳动，不能安闲自得。

费拉里：史蒂文森接着说：“此话我不会四处宣扬，因为人们更相信他所蔑视的那种幸福。因此他更愿相信一种外在的幸福：不必停下来证明它。他可以全身心投入艰巨、苦涩却令他满心欢喜的任务。然而，他可能迷恋上那个关于社交聚会长存的童话故事，沉浸在他既是他自己、也是另一个人的幻想中，沉浸在他将与朋友们欢聚的幻想中，他们每个人都没了锐气，但很和善……”

博尔赫斯：（笑）不错，我记得最后这句话。对，我想，在史蒂文森所说的社交聚会里，所谓对话应该是漫长的、没有争执的交谈，对吗？模糊不清的和睦气象。就这样，一场永无止境的社交聚会。史蒂文森知道这类聚会无法使人感到愉悦，但是他的希望带来了满足感；这种希望不在乎具体内容，也不在乎欲望能否实现，重要的是欲望本身。不过，这个标题（“逆天”）不是原文的标题，它应该

① 阿尔弗雷德·丁尼生（1809—1892），英国诗人，代表作有组诗《悼念》。

是比奥伊·卡萨雷斯后来添上的。因为我们得为它起一个标题，那是从一篇较长的散文中截取的片段。

费拉里：选自史蒂文森的书信集。

博尔赫斯：嗯，是的。

费拉里：最后一句话也很有意思。他写道："仿佛爱情不曾饱受爱人的缺点的滋养。"

博尔赫斯：是的，这段选自史蒂文森的书信集，写于 1886 年。

费拉里：据我们了解，好像长期以来史蒂文森的书信都是通过您才在布宜诺斯艾利斯传播开来的。

博尔赫斯：……是这样的。我记得和您说过一件事，让我特别愉快。就在不久前，我在街上碰到一个小伙子，他对我说："博尔赫斯，有一件事我要向您致谢。""您说的是什么事？"我问他。他说："感谢您让我认识了罗伯特·路易斯·史蒂文森。"当时我想：这件事我做对了。我不知道怎么称呼他，对他一无所知。因为这件事太完美了，以至于无须多一个称谓。

费拉里：有这样一句证言就够了。

博尔赫斯：有证言就够了。况且，单单史蒂文森这个名字，已经足够完美了。假如他对我说的是：感谢您让我认识了弥尔顿[①]或莎士比亚，那么这句话就没有力量了，对吗？失去了魅力。重要的是，他提到的是像史蒂文森这样一位令人钟爱的作家。

费拉里：您和我说过，在许多国家，也包括我们国家，人们还

① 约翰·弥尔顿（1608—1674），英国诗人，代表作有《失乐园》。

未充分认识到史蒂文森的非凡之处，因为人们将他和童话故事联系在一起。类似的情况也发生在其他作家身上。

博尔赫斯：是的，创作儿童文学对作家来说是很危险的，从此他所有的作品可能都被当作童书。所以，举个例子，按说以吉卜林[①]的声誉，他最好不写《原来如此的故事》或《丛林之书》，因为人们会在这几本书的基础上评价他。还有别的情况，以刘易斯·卡罗尔[②]为例，人们通常认为那两卷《爱丽丝漫游奇境》是写给孩子的。然而，这本书既是写给孩子的，也是写给大人的。不过，这又如何，人们坚持强调这部作品的童话特点。

费拉里：说到史蒂文森，人们立马想到《金银岛》。

博尔赫斯：是的，西尔维纳·奥坎波[③]最好没有写过那本精彩的《美妙的橙子》。因为，这样一来读者会在这本书的基础上评价奥坎波，以为她的其他作品都是这样的风格。奥坎波的其他作品丝毫不比这本逊色，但是与之完全不同。

费拉里：不过，她比较幸运，直到创作后期才写下这本书。就是说，人们先接受了她的短篇小说和诗歌。

博尔赫斯：但是，我不知道大家是不是足够了解她的作品。

费拉里：唉，确实没有，您说得对。

---

① 约瑟夫·鲁德亚得·吉卜林（1865—1936），英国记者、小说家、诗人，代表作有《丛林之书》《基姆》。

② 刘易斯·卡罗尔（1832—1898），原名查尔斯·路特维奇·道奇森，英国儿童文学作家，代表作有《爱丽丝漫游奇境》。

③ 西尔维纳·奥坎波（1903—1993），阿根廷小说家、诗人。她的姐姐维多利亚·奥坎波（1890—1979）创办了《南方》杂志。她的丈夫是比奥伊·卡萨雷斯。

博尔赫斯：当我在埃萨尔塔西翁－德拉克鲁斯[①]时，那个地方可能是叫这个名字，他们请我提名一位阿根廷当代最好的作家。我提了西尔维纳·奥坎波。我知道这个名字不够响亮。他们默默听我说。这时有人提出，他觉得我想说的是维多利亚·奥坎波，我把两个名字混淆了。我不得不和他解释说：不是这样的。不过，总之，西尔维纳·奥坎波这个名字似乎还没取得应有的反响、共鸣、影响力。

费拉里：这类误会总是发生在西尔维纳·奥坎波身上。

博尔赫斯：对的。

费拉里：把她和维多利亚·奥坎波混淆。

博尔赫斯：把她当作和她姐姐维多利亚一样的人。

费拉里：还有她和比奥伊·卡萨雷斯的婚姻，她与您博尔赫斯的友谊。

博尔赫斯：哦，不知有没有人想到最后这点。对，人们可能会想到她是维多利亚的妹妹，比奥伊·卡萨雷斯的妻子……仅此而已。

费拉里：（笑）我刚提到的这本书，《天堂与地狱之书》，是您和比奥伊·卡萨雷斯合作编写的。你们的想法是选择一系列以天堂和地狱为主题的作品吗？

博尔赫斯：我们要做的是一本风格多样、生动有趣的书，我想两方面都有。

费拉里：的确是这样一本书。而且它内容丰富。书中提到了许多作家。

---

① 布宜诺斯艾利斯省的一个县。

博尔赫斯：包括神秘主义者，比如斯威登堡[①]。

费拉里：是的。

博尔赫斯：书里有他的文章。而且书里有很多关于天堂和地狱的引文……不过，我记得我们没有选择但丁的文章。为什么呢？因为太明显了，而且如果选择但丁的文章，就要译成卡斯蒂利亚语。但是我们知道，但丁的文字翻译过后会失色不少。虽说一本关于天堂和地狱的书本不该漏掉《天堂》和《地狱》，不是吗？

费拉里：反而是引用了另一位英国作家：约翰·班扬，在人们眼中，他和神秘主义联系紧密。

博尔赫斯：啊，班扬，是的，我们还记得《天路历程》的最后一段，对吗？

费拉里：对，那段太棒了。

博尔赫斯：还记得有一位先生名叫"无畏"。

费拉里：是啊，"他的瓶子在泉旁摔碎了[②]"。

博尔赫斯：是的，我们引用的这段话，萧伯纳曾经用在一篇文章中。萧伯纳说，班扬比莎士比亚更激进。那篇文章还引用了其他段落。也许萧伯纳有意制造话题，对吗？因为"比莎士比亚更甚"这种说法在英国很难被接受，就算很多人都这么认为。他被当成无关紧要的异端分子，或者令人愉快的异端分子。

费拉里：我想知道，您怎么看《天路历程》这本享誉英国文学界的作品？

---

① 伊曼纽·斯威登堡（1688—1772），瑞典神学家、科学家、哲学家、神秘学家。

② 典出《圣经·传道书》第十二章第六节（和合本）："瓶子在泉旁损坏。"

博尔赫斯：它是一种隐喻。不过你应该忘记它是隐喻，这样才能充分享受这本书。或许这种做法适用于一切隐喻作品。也就是说，如果一个人想着人物与他们的名字的对应关系，比如伪善先生、谎言先生，如果一个人这样读这本书，他就会被这种阅读方式牵着走。

费拉里：书名应该怎么翻译呢？

博尔赫斯：我想可以翻成"朝圣者之路"（El camino del peregrino），只是不大好听。把"progress"翻成"progreso"明显不合适；或许可以用"camino""vía"[①]……我也不清楚。"朝圣者之途"？但是，词语是如此神秘，较之词语本身，每个词最重要的部分也许是它的气氛。

费拉里：北美的大学生在课堂上学习这本书。

博尔赫斯：这本书简单易读，阅读过程很愉悦，全是基于《圣经》文本。比如，我手上这个版本，侧边标有"《传道书》，第几章，第几节"。所以说，这本书有自己的生命力。但它的生命力来自一系列的引用。

费拉里：也许我们能从中看到班扬的神秘主义色彩。

博尔赫斯：是的，我读过他的其他作品，以及他的自传。在自传中，他将自己视为可怕的有罪之人，但他坦白的罪过并不可怕。不过，总之，他有一种负罪感。他说过的最精彩的话之一就是那句关于他的面包师父亲的话，现在我们有时还会说到。他说"My father was a baker of human bread"（我的父亲是制作人类面包的面包师）。听起来还不错，对吗？而且面包含有其他食物所没有的传

① 《天路历程》英文书名为"Pilgrim's Progress"。在博尔赫斯提到的几个西班牙语词语中，"progreso"有"前进、进步"之意；"camino""vía"均指"道路"。

统意义。

费拉里：尤其是面包还可以和肉联系在一起。

博尔赫斯：是的，主祷文里有句话："我们日用的饮食 / 今日赐给我们。[①]"我想这里指的是食物。某个新教流派，不记得具体是哪个，把这句话翻译成："Give of this day our supernatural bread"（今日赐给我们超自然的面包）。我认为这意味着一个人需要的不是食物，而是精神财富。

费拉里：自然是这样。

博尔赫斯：奇怪，您怎么和我谈起这个来。我正在读希罗多德的九卷本《历史》。书上谈到……关于佩拉斯吉人和埃及人谁是最古老的民族，似乎有争议。于是他们做了一个实验。他们找到两个孩子，先让一位牧民抚养，再交给两个女人。这两位女人都被割去了舌头。几年后两个孩子会说话了。他们说的第一个词具体我记不清了，但肯定是佩拉斯吉语，而不是埃及语。这个词的意思是面包。结论是佩拉斯吉语是人类的原始语言。

---

① 引自《圣经 · 马太福音》（和合本）第六章第十一节。在西班牙语译本中"饮食"使用了"pan"（面包）一词。

偶然

奥斯瓦尔多·费拉里：比起魔幻、启示，或者奇迹，博尔赫斯，似乎您更相信偶然的存在；您把偶然法则延伸到了精神层面。

豪尔赫·路易斯·博尔赫斯：是的，只是偶然法则相当神秘。没人知道为何某些动因会引发一定的后果。然而，我笃信偶然性，尽管它无法被阐明。刚刚您提到这点时，我才意识到这个法则具有任意性。那么，魔幻大约是偶然法则的一种形式、一种延伸，对吗？还有迷信，可以说，同样如此。

费拉里：由它扩展出的形式……

博尔赫斯：是的。比如，有十三个人围桌就餐，然后当年他们中有一个人离世了……关于偶然法则，德·昆西[①]找到一种解释，或者说是假性解释，我认为禁欲主义者也是这么解释的，那就是：让我们假定世界是一个独立的机体，那么各个组成部分之间则存在

① 托马斯·德·昆西（1785—1859），英国作家、散文家、文学评论家，代表作有《瘾君子自白》。

必要的联系。于是，打翻盐罐、摔碎镜子、从梯子底下走过、十三个人围桌就餐等等，这些事件与随后发生的种种事故之间存在一定联系，这完全是有可能的……不过，依我看，人们常常把两件事混淆了。让我们以星占学为例：星占学认为，星象和某种星象出现时一个人的出生，二者之间存在联系。大约这就是星占学的学说基础。不过，承认联系的存在是一回事，说这种联系可以被研究和探讨就是另一回事了。但现在这两件事被混为一谈了。当然啦，如果世界是一个整体，如同德·昆西所说，细微之物能隐秘地反映宏大之物，那么一切都是相互联系的。但探究这种联系，可就困难得多。可以肯定的是，由我写下的一页文字与我的个性之间有一定联系。这应该就是笔迹学的道理所在。但是，着手研究这种联系，我认为是十分困难的。这两件事常常被混淆；有人以为，这种联系可以被研究。这就是最难的地方……我承认世间万物皆有联系，要假设这种联系的存在是符合逻辑的。但我认为研究这种联系是不可能的，太困难了。不然，我们再找其他新一点的例子，有关迷信的，一个人和他做的梦之间肯定存在某种关联……

费拉里：无论如何，您认为心理学和社会学并非是万能的。

博尔赫斯：是这样的，通过研究梦来治疗一个人的疾病，我认为会很困难。联系，我相信它是存在的，但一个人的病症与他的梦，这关系该如何错综复杂啊，我很难相信针对这类关系的研究能进行下去。也就是说，就算患者的梦与他罹患的疾病确实存在关联，我不知道精神医师是不是据此就能治愈一名患者，尤其是精神类疾病的患者。

费拉里：当然，这是两个不同的方面。但是回到偶然，按照我的理解，您认为偶然不一定由上帝或由某种超能力掌控。

博尔赫斯：的确不是，您可以想想整个世界历史，早期的历史，或者换一种更宏大的说法——宇宙早期的进程。无疑一切都是相互联系的，但是如果要透彻了解此中奥义，我认为已经超出人类智慧的范畴，或许也超出了设想中神的智慧的范畴。

费拉里：包括透彻了解起源的奥义。

博尔赫斯：对的，正是如此。不过，既然起源是存在的，为什么无法了解它。

费拉里：在您身上，有一点我能肯定，就是您持有预定论[①]的观点。您认为偶然和预断之间存在联系。某些原因或结果注定会以某种形式发生。

博尔赫斯：是的，但是理解预定论和确定预定的旨意是不同的，对吗？可以说，特别是对于加尔文主义和清教主义。清教主义由加尔文主义发展而来，认为一个人将去往天堂或地狱是注定好的命运，如果这些生前身后的机构确实存在的话。那这就更难理解了。也就是说，的确存在预定的旨意，但是有没有人知晓它……“无限智慧”，顾名思义，当然无所不能，不过我不知道“无限智慧”这个词是否真的有含义，抑或只是陈腔滥调，文字的消遣。

费拉里：也就是说，不论是偶然，还是预定，我们都无法知晓是不是有某物或某人在掌控它们。

---

① 基督教新教加尔文宗的主要神学学说，主张凡得救之人都是上帝预先选定的。

博尔赫斯：是的，偶然或预定的旨意可能存在于主体之外，一个能够认识它们的主体。

费拉里：围绕宗教的话题，刚才谈到我认为很重要的一点。那么，是否可以这么说，人们沉浸在某种精神的或者魔幻的氛围里，借此选择信仰某门宗教，相信某类神话。以柏拉图为例：在柏拉图生活的时代，希腊人能够理解他，因为当时诗歌和哲学鲜活地存在于希腊人的现实生活中。它们是现实的一种形式。

博尔赫斯：是的，但是我不知道，在何种程度上可以说厄洛斯[①]对应某个人物或比喻某种事物。对此，我们永远也不会有答案。经过信徒或不信教的人的解读，它们的含义发生了变化。你看，比如拉丁语“Sub Jove”（在朱庇特之下），意思是不合时宜。这说明朱庇特在某种意义上指代空间。有些像斯宾诺莎[②]所说的“Deu sive natura”（上帝即自然），不是吗？上帝或者自然。

费拉里：是的。不过，有人猜测，在这种精神或魔幻的氛围下，事物或许会显得更加可信，得益于此，有人猜想，基督的同时代人也许看见过、认出过基督，只要他们能够做好见到他的准备。我说的是，精神上的准备。

博尔赫斯：也许，越简单的人，越容易认同这个观点。父亲对我讲过一个故事，有一次巴拉那的主教巡访恩特雷里奥斯州。当时，主教一袭黑衣，坐在庄重肃穆的马车上，引起了当地人注意。当他离开牧工的棚子——也可能是牧场，当他离开后，高乔人纷纷议论，

---

① 古希腊神话中的一位爱神。

② 巴鲁赫·斯宾诺莎（1632—1677），荷兰哲学家。

刚才那位是巴拉那的主教，还是上帝呢（两人都笑了）。不过，正如父亲对我说的，对于那些高乔人来说这两个词没有很大的区别。因为，现在我们知道巴拉那的主教就是教会官员，但上帝是天地的创造者，上帝存在于永恒之中，存在于时间之外。不过，我们不知道对于 1880 年生活在恩特雷里奥斯州的高乔人来说，类似的区别是否存在，也许只有口头上的分别，不是吗？

费拉里：有可能。博尔赫斯，我选了一首您的诗，我认为其中表达了您对预定论的看法。就是《迷宫》，不知道您是否还有印象。

博尔赫斯：……恐怕确实写过。如果您能读一下，也许我会想起来。

费拉里：让我来读一下吧。

博尔赫斯：好，我们有时间读一首十四行诗吗？

费拉里：（笑）我想是有的。《迷宫》这么写："宙斯无法帮我解脱 / 困住我的石块网罗……"[①]

博尔赫斯：说话者是谁呢？忒修斯？弥诺陶洛斯？

费拉里：这正是我想向您请教的。

博尔赫斯：噢，好啊，我们来看看。

费拉里："我忘了自己也曾为人；/ 继续在可憎的石墙里逡巡，/ 那就是我注定的命运。/ 随着岁月的侵蚀，笔直的通道 / 弯成隐秘的圆圈……"

博尔赫斯：当然，这几句诗传达出这样的信息，迷宫很广阔，

---

① 译文选自《迷宫（另一首）》（收录于《为六弦琴而作·影子的颂歌》），林之木、王永年译。下同。

因为它的线条看起来是笔直的，没有弯曲。宽阔的墙体使他只能看到一条直线；但实际上有一点点弧度，那是环形的一部分。

费拉里：我继续读："矮墙拆裂出罅隙。/ 我在苍白的尘土上 / 辨认出可怕的足迹。/ 傍晚空中传来凄凉的吼叫，/ 或者吼叫的回声。/ 我知道阴影中还有一个。/ 他的命运是耗尽 / 构成这个地狱的漫长孤寂，/ 渴望我的鲜血，吞噬我的死亡。/ 我们两个在互相寻找。/ 但愿这是最后一天的等待。"

博尔赫斯：嗯，整首都读下来了。我不确定这是忒修斯、弥诺陶洛斯，还是将二者融合的形象。如果诗的主人公是忒修斯、弥诺陶洛斯，或者最好是忒修斯与弥诺陶洛斯，这首诗会更加丰满。因为从诗歌来看，仿佛很长时间过去了，而这段漫长的时间更适合弥诺陶洛斯，因为他是迷宫的居民，但忒修斯只是一个探险家，不是吗？

费拉里：一个游人。

博尔赫斯：游人，探险家，好吧，这样来看这首诗可能更好。让我们保留模糊的地方。此外，为什么要对它做出解释呢？我现在说的话比不上诗歌本身的价值，诗歌将继续被人们诵读，继续以某种方式衍生和分化，就像它所描述的迷宫那般广阔。

费拉里：我带来这首诗，以便举例说明您对预定论的看法。但现在我认为它是您最独特的诗作之一，不知您是否同意我的观点呢？

博尔赫斯：听到您这样谈论这首诗，我真的也很喜欢它。我尤其喜欢这首诗的模糊性。

幻想文学和科幻作品

在意大利评论家路奇奥·达尔坎杰罗[①]、作家安赫尔·博诺米尼[②]的提议下，奥斯瓦尔多·费拉里向博尔赫斯提出下面的问题：

奥斯瓦尔多·费拉里：现实主义文学和幻想文学的根本区别是什么？

豪尔赫·路易斯·博尔赫斯：由于我们不知道世界是现实，还是幻想，所以二者的区别主要在于读者，以及作者的意图，不是吗？不过，当然啦，按照唯心主义的说法，一切皆为幻想，或者一切皆为现实。二者将趋向同质。

费拉里：二十世纪以来，有些人的幻想故事中没有幽灵，而是智识性的、玄奥的，最后甚至成了一段近似奇闻怪谈的幻想性论述。对此您是怎么看的？

博尔赫斯：嗯……我认为，阿根廷第一位有意识创作幻想文学

① 路奇奥·达尔坎杰罗（1935—2018），意大利语言学家、评论家。

② 安赫尔·博诺米尼（1929—1994），阿根廷幻想小说代表作家、诗人。

的作家是莱奥波尔多·卢贡内斯，他发表了《奇异的力量》。的确，故事《伊苏尔》[①] 里没有幽灵，它讲述的是一只黑猩猩的奇幻经历。那只黑猩猩努力学习说话，最后发疯了。这本书往往被人们忽视。它是 1910 年之前出版的，我想是二十世纪头几年。不过，当然这本书里没有现代主义装饰性的散文风格，也没有刻意模仿西班牙人的古体风。它没有引起人们注意，但它的确是一部伟大的作品。在西尔维纳·奥坎波、比奥伊·卡萨雷斯和我合编的《幻想文学选集》里，我们收录了卢贡内斯的另一则短篇小说，《阿布德拉城的马》。这则故事是作者受到埃雷迪亚[②] 的一首十四行诗的启发后写的。

费拉里：嘉宾们问，您如何解释阿根廷幻想文学的复兴呢？

博尔赫斯：我不懂，我想我也有责任（两人都笑了）。不过，我自然会这么做，因为我最早接触的作品就有坡[③] 的短篇小说，故事里一场场梦魇令我印象深刻。还有，威尔斯[④] 的《时间机器》《莫罗博士岛》《月球上最早的人类》《隐身人》等等，作品里充满奇异可怖的幻景。我最早几篇幻想小说是对这些作品的回归。

费拉里：嘉宾们说，有人认为未来将没有幻想小说……

博尔赫斯：为什么呢？

费拉里：幻想小说会被科幻作品取代。您同意这个观点吗？

---

① 《伊苏尔》是卢贡内斯的短篇小说，收录于故事集《奇异的力量》中。故事讲述了一个人倾注数年的心血，试图教会猩猩伊苏尔说话。

② 何塞·玛丽亚·德埃雷迪亚（1842—1905），出生在古巴的法国诗人，以十四行诗闻名。

③ 埃德加·爱伦·坡（1809—1849），美国诗人、小说家、文学评论家，代表作有《黑猫》《乌鸦》。

④ 赫伯特·乔治·威尔斯（1866—1946），英国科幻小说家，代表作有《世界简史》《时间机器》。

博尔赫斯：首先，“ciencia ficción”这个词翻译不当[①]。在英语中，词组里第一个单词的作用等同于形容词。因此把“science fiction”翻成“ficción científica”才比较合适，符合语法规则，逻辑也恰当。“ciencia ficción”是不通顺的。比如，“water fall”（瀑布），我们不会把它翻成“agua caída”，而是“caída de agua”。我不知道怎么会出现这类误译。大家都说“ciencia ficción”，着实不合理。应该是“ficción científica”，而不是直接合成词组。好吧，对了，您的问题是什么？我迷失在词源学里了（两人都笑了）。

费拉里：您认为幻想文学是否会被取代呢？

博尔赫斯：不会，为什么这么说呢？……我个人认为，科幻作品比较初级。比方说，有人告诉我们，一个人只要戴上一枚指环就能隐身，就像《沃尔松格萨迦》[②]里的情节那样，此时我们只需要一个信仰行为。但是换一种假设，有人告诉我们，一个人要想隐身，需要浸泡在某种特殊的液体中，这种液体必须是葡萄酒；而且这个人还得赤身裸体，以免身上的衣物被人看到，就像威尔斯笔下的“隐身人”那样，此时我们需要多个信仰行为。接下来，我们来想想，为什么作者没有发明那种变身道具呢。在前一种模式，我们只需要一个很传统的信仰行为，即相信某件有魔力的东西。我们很容易就

---

① 在西班牙语中，形容词常常放在名词后面用作修饰。对话中提到的“ciencia ficción”意为“科幻作品”，由“科学”（ciencia）和“虚构”（ficción）两个名词构成，对应英文的“science fiction”。另，后文提到“ficción científica”，由名词“虚构”（ficción）和形容词“科学的”（científica）构成；“agua caída”，由“水”（agua）和“下落”（caída）两个名词构成；“caída de agua”，由名词“下落”和起到形容词作用的短语“水的”（de agua）构成。

② 北欧神话的散文史诗。

能接受它。因此，我想，或许随着时间推移，科幻作品将回归单一魔法、单一信仰行为的程式，而不是一连串的信仰行为和复杂的实验。我想，一个指环比一整套实验更容易让人接受。至少对我来说是这样的，我对科学知之甚少。

费拉里：显然是这样。

博尔赫斯：对的，但是，总而言之，科幻小说只会成为幻想文学的一种类型。没有理由将二者对立起来。

费拉里：有人说，文学即便无法被定义，至少一定程度上会受主题可能性的约束。您能和我们谈谈幻想文学的主题思想吗？

博尔赫斯：主题思想（temática）？我想您是说主题（tema）吧，就像现在的人们偏爱使用重音落在倒数第三个音节的词，对吗？以及音节较多的词：用“方法论”（metodología）代替“方法”（método）；用“主题思想”（temática）代替“主题”（tema）……我认为幻想文学涉及的主题和所有文学一样。比如，威尔斯在自传中写道，当时他感到很孤单，他只是年纪轻轻的男孩子，患有结核病，从肯特市来到伦敦，穷困潦倒。后来，为了描述这种孤独感，他写了《隐身人》。不过，创作的源泉来自他曾经的孤独感受。同所有文学一样，幻想文学起源于情感，如我们常说的那样。

费拉里：确实。

博尔赫斯：没有情感如何下笔。我不理解，怎么会有人喜欢这种想法：让一台机器写诗。好吧，也不是不可能，只是我们为什么需要一台机器写诗歌呢。毫无道理。当我拥有某种情感，那么我会以我的方式舒畅地宣泄出来；可我决不会去摆弄一串螺钉。

詹姆斯·乔伊斯

奥斯瓦尔多·费拉里：博尔赫斯，有这样一本书，一位作者，尽管受到广泛的赞誉，对大多数读者而言依然是难于理解的。那就是詹姆斯·乔伊斯和他的《尤利西斯》。

豪尔赫·路易斯·博尔赫斯：也许作者有意把它写成一部不容易被理解的作品，有意让人们评判它。我想，这本书仿佛一件实验作品，注定会带点神秘感，它的重点会落在作品的结构上。我读过斯图尔特·吉尔伯特的书[①]，类似一本《尤利西斯》手册，读起来比《尤利西斯》更有趣。没有这本小册子，我们可能无法读懂《尤利西斯》。例如，这个小册子解释了各个章节主要的修辞手法。嗯，好像每一个章节都有一种主导颜色。比如说红色。接着，每一个章节、每一段情节都对应一项身体机能，比如在红色主导的章节，这项机能可能就是血液循环。还有，每个场景中，事件发生的时间都很准

① 斯图尔特·吉尔伯特（1883—1969），英国文学家、翻译家。这里指《詹姆斯·乔伊斯的〈尤利西斯〉研究》。

确，所以读者可以将对应斯蒂芬·迪达勒斯的章节和对应利奥波德·布卢姆的章节进行对比。有一刻，他们两人同时注视着一朵云。这种平行结构可谓精妙。另外，每个情节都对应《奥德赛》中的情节，可以理解作……是平行的人生。再者，小册子中还写到他用了哪些技巧。可能有……我记得有一个章节，他用上了所有类型的隐喻，可以罗列出一张单子了；另外还有不少借代、转喻等等。还有一个章节，提问和回答两种形式交替进行，就像教义问答、讯问。然后，最后一章，也是最有名的一章，就是摩莉的内心独白。三四十页的文字没有标点符号，配合人物意识的流动。有人指出意识的流动无须借助语言；一个人一点一点地感受和思索某些事物，但不是思索与这些事物对应的词语。即意识流应该排除语言，或者无论什么内容都只用动词，拒绝使用其他词性。然而，《尤利西斯》里还是有形容词、名词、介词、连词和短语。

费拉里：对它的阐释变得尤为困难。

博尔赫斯：我认为这本书他写出来不是为了……

费拉里：让人阐释的。

博尔赫斯：对的，可能不是为了让人们享受的。我想它就像一切文学作品的“reductio ad absurdum”（反论题），包括现实主义文学。

费拉里：啊，当然，我想是这样的。

博尔赫斯：没错，我就是这个意思，就像推动一切传统……向前发展，最后再摧毁它。我会说《尤利西斯》，乃至后来的《芬尼根的守灵夜》，它们的写作目的是结束文学，让它们成为文学的终结。我猜想他以为在此之后再也不会有新的作品，因为写下来的一切都将成为对这些书的映射或徒劳的重复。也就是说，我想乔伊斯写这几本书，是为了让它们成为最后的书籍。但是人们并不这样想。恰恰相反，尽管有这几本书的存在，尽管它们被当作文学最后的里程碑，他还是有了追随者，而文学也在继续发展。然而，不可否认的是乔伊斯有无穷的……对，可以说，有无穷的文字能力。此外，他能用英文创造合成词，尽管不如用德语那么容易。但是，我不知道乔伊斯如何能参与到法语版《尤利西斯》的翻译中，和瓦莱里·拉尔博[①]、斯图尔特·吉尔伯特等人一起工作，他知道他的书在结构上很大程度上依赖于合成词，正因为如此这本书是不可译的……

费拉里：另外，他发明了新的词汇。

博尔赫斯：是的，不过，这在德语中毫无疑问是可行的，因为在德语里合成词用途广泛，人们在对话中就会创造出各种各样的合成词。人们能在对话中创造合成词，而且不会阻碍交流，他人立马就能理解。不同的是，英语的合成词是人造的，而西班牙语不用这类合成词。

费拉里：因此，詹姆斯·乔伊斯在《芬尼根的守灵夜》和《尤利西斯》中做出了“最后的审判”。

博尔赫斯：特别是在《芬尼根的守灵夜》，因为它是对《尤利西斯》的最后一次延续，似乎从此往后再也没有文学了。然而文学仍在继续，惯例依旧被沿用。特别是内心独白这种手法，经常会用到。我记得后来出现了两个译本的《尤利西斯》，都特别糟糕，仅仅从

---

① 瓦莱里·拉尔博（1881—1957），法国作家、翻译家。

字面上译出了这本书的语意。而且卡斯蒂利亚语句式冗长，乔伊斯营造的效果，特别是节奏上的效果，在译文中遗失殆尽。直译仅仅关注语意，没有意识到他的文字在英语里形同诗句，犹如拍出节奏，悦耳动听；在直译中只剩笨拙的字句，合成词显得不自然，矫揉造作。甚至英语里就已经有刻意雕琢之感。然而，德语就不会这样；在德语里合成词不断被创造，不会让任何人感到烦扰，不会妨碍读者理解。可在英语里这样已经有些奇怪了；在卡斯蒂利亚语等罗曼语族里，这是不可行的。

费拉里：因此，现代小说不仅没有终于乔伊斯，而且是运用、或者说借用了乔伊斯。

博尔赫斯：是的……

费拉里：将他的作品纳入现代小说之列。

博尔赫斯：是的，这是乔伊斯没有想到的，我想。

费拉里：可能也是他不想看到的。

博尔赫斯：我想他应该希望自己成为最后一位小说家，对吗？他可能希望小说死亡。

费拉里：是的。

博尔赫斯：这应该是他所追求的。他写下了很美的诗，不过，自然都是些简短的诗，节奏极为优美，不会为诗歌带来危机。但是这两部小说却给小说带来了危机，它们就像现实主义的反论题，因为他没有漏掉两个人物在二十四小时中的任何一个瞬间：他记录了每一个瞬间，哪怕是一些……不值一提的时刻，对吗？

费拉里：一切发生在那一天之内，一个个瞬间里。

博尔赫斯：是的。可以理解为发生在那一天里。这一天不单单是历法上的一日，而且它在一定意义上就是《奥德赛》。在《奥德赛》中，需要数年才能完成的事件，在这里通通发生在两个人物的意识中。乔伊斯随意选择一天，任意一天，然后把故事安排在都柏林……当然，因为乔伊斯活在对都柏林的怀念中。他再也不想回去……

费拉里：是的……

博尔赫斯：或许怀念是拥有的一种方式。

费拉里：所以他写了《都柏林人》。

博尔赫斯：他还写了《都柏林人》。或许他想的是：嗯，写下这些书就等同于待在都柏林了，他不需要亲自去那里。

费拉里：啊，当然。

博尔赫斯：这些书还没出现的时候，他已经住在那里了。

费拉里：可能如此一来，文学回忆更为有效。

博尔赫斯：为了感受怀念的滋味，一个人必须远离那个地方。犹太人一直在怀念耶路撒冷，也是因为出埃及，以及之后的……那个词怎么说？

费拉里：大流散。

博尔赫斯：对的，大流散。如果没有出埃及和大流散，他们就不会塑造耶路撒冷的形象，不会怀念耶路撒冷。出埃及和大流散，当然，如今以色列是一个国家，毫无疑问耶路撒冷将会失去魔幻的盛名，这在曾经是根本不可能的……而它现在已经成为了可能。这对诗歌来说是一大损失，不是吗？事实上耶路撒冷已经无从谈论，因为一个人乘坐汽船或火车，马上就能到了。它曾经是一座魔幻的城市，不是吗？

费拉里：是的，现在，回到乔伊斯。他明显受到宗教的影响。在我看来，这点在《一个青年艺术家的画像》里尤其明显。这也体现在他的所有作品中。

博尔赫斯：是的，因为在书里他排斥天主教的信仰，不过某种程度上……我想“无神论者”一词在不同宗教信仰里意思不同。假如我是新教中的无神论者，那么我和天主教或犹太教中的无神论者不一样。依我看，含义不同。因为他们想要摆脱或拒绝的上帝，本质上是不一样的上帝，有根本区别。

费拉里：不过宗教思想，依我看体现在乔伊斯的所有作品中。有一回，您说对于乔伊斯来说每一天都以一种隐秘的方式成为无可挽回的审判日；每一个地方都是地狱，或者炼狱。

博尔赫斯：……嗯，不然的话《尤利西斯》就没有意义了。

费拉里：当然。

博尔赫斯：我的意思是，如果他认为还有那一天、那一本书没有容纳的事物，那么为什么要写《尤利西斯》呢。这本书被看成一类小型宇宙，不是吗？它囊括整个世界……尽管它过于广阔，但我不相信没有人读过（两人都笑了）。有很多人分析它。不过，至于把这本书从头读到尾，我不清楚有没有人这么做过。

费拉里：就算有人做到了，他也不可能把这本书原原本本记在脑海中。

博尔赫斯：可能需要假设人有无穷的记忆力。哦，很多书呈现出的不是每一页上的文字，而是这些书所留下的记忆，对吗？

费拉里：当然。

博尔赫斯：可能《堂吉诃德》就是一个例子。在这本书中我们想的不是每一个章节，更不是每一页文字，而是当我们合上书，这本书留下了什么。有一些东西留下了，那是一幅画面，这个画面就是能让人记得清清楚楚的东西。

费拉里：它可以从整本书中脱离出来。

博尔赫斯：对的，脱离整本书。

《沙之书》

奥斯瓦尔多·费拉里：在您近些年出版的作品中，博尔赫斯，您多次提到个人最喜爱《沙之书》。

豪尔赫·路易斯·博尔赫斯：是的，我认为它是我所有作品中最好读的一本。可读性强是个优点。有些鸿篇巨制不具备这种特质，作者本人也不在意，比如乔伊斯的作品，以及卢贡内斯的《高乔人之战》……这些作品无疑不是为了让人读懂的，而是供人欣赏、分析、评论的。不过此时我怀有一份质朴的宏愿：我要可读性。我的短篇小说有些的确比较复杂，不过这个世界上没有什么是不复杂的，鉴于这个世界是不可诠释的，可我尽量让自己写的东西读起来简洁平易。为此我采取了一个基本的措施：避免使用需要读者查阅词典的词语。在这方面，很明显我和如今大家的语言习惯是完全对立的；比如，人们会用"方法论"（metodología）代替"方法"（método），用"搜索寻找"（búsqueda）代替"寻找"（busca），用"主题思想"（temática）代替"主题"（tema）。好像现在人们总是选用音节比较长的词语。但我没有这样做，我尽量使用简洁平易的词语，而且我希望我讲故事的方式能让读者发问：“然后呢？”我认为这很重要。一个人应该对他感兴趣的内容多加琢磨。之前妹妹和我一起重读柯南·道尔的夏洛克·福尔摩斯的故事：情节简单，精巧的词语不算多，但你会不断被情节吸引；结局也很简单，但个中疑团、细微处的疑点耐人玩味。依我看，作为小说，这样就足够了。不过，假设我非得从自己写的书中挑选一本，我会选《沙之书》，不过我不会这么做的，因为家里没有我的书。但别人和我说《布罗迪报告》更好。事实上我分不清楚每一则短篇小说分别收录在哪一册作品集里。有人说《代表大会》是我最好的短篇小说，我想它是在《布罗迪报告》里。

费拉里：不是的，是在《沙之书》里。

博尔赫斯：这么说来，我对《沙之书》的喜爱……

费拉里：更肯定了。

博尔赫斯：对，更肯定了，而且我认为同名短篇小说《沙之书》也是一则很美的故事。

费拉里：不过，您从没谈过这则短篇。它在书里是最后一篇，我认为它很重要……

博尔赫斯：我不知道它是否重要，因为大体上，《沙之书》是改扮过的《阿莱夫》《扎伊尔》《博闻强记的富内斯》。小说写的是那些看似奇妙、后来却变得骇人的东西。

费拉里：那么，依照这种对应的方式，我想也许可以这么说，这本书的第一篇小说《另一个人》和您的《博尔赫斯和我》自然是有联系的。

博尔赫斯：是的，但我觉得《博尔赫斯和我》写得更好，对吗？首先它篇幅更短，这是优点。不过，其他小说我就不知道哪篇更好了。

费拉里：《阿韦利诺·阿雷东多》写得很美。

博尔赫斯：是的。不过，写下《阿韦利诺·阿雷东多》是因为我有感于……乌拉圭的历史。因为这是一个已经发生的事件，不会再次上演。故事可以这样概括：有一个恐怖主义者刺杀了总统；很快他被移交警察局，他愿为整件事承担全部责任。我有一个伯父，路易斯·梅利安·拉菲努尔，他为这个人辩护过。我本可以从他那里得知许多关于阿韦利诺·阿雷东多的事，但当我开始写这篇小说的时候，路易斯·梅利安·拉菲努尔已经过世了。我的伯父做过他的辩护律师。我记得他被判了几年监禁，所有人都很钦佩阿雷东多，不是因为他刺杀了伊迪亚尔特·博尔达，而是因为他一人承担了全部责任，这很少见。我觉得，现在有些被告人想的是怎样找一位好的辩护律师，而不是承担责任吧？我想这类情况就相当常见了。因此，我，出于以某种方式救赎这些被告人的想法，塑造了一个完美的纳粹分子。这个人认为别人可以无情地对待他，因为他过去曾同样无情地对待别人。然后我写了短篇小说《德意志安魂曲》，很多人对它的解读是我拥护希特勒的事业。不，不是这样的。我试着去想象一个纳粹分子，一个不但对待他人冷酷无情——这很容易——而且对待自己同样冷酷无情的纳粹分子。他接受命运的安排，认为它是公正的。好像现实中没有这样的例子吧？人们似乎更倾向于怜悯自己而不是怜悯他人。噢，马丁·菲耶罗[1]就是一个典型例子，一个敏感多情的坏蛋，总是自怜自艾，却从不为他人流下一滴泪水。不过这类情况可能很普遍。

费拉里：您如果觉得没什么不妥的话，博尔赫斯，我想读一段《阿韦利诺·阿雷东多》节选，我们可以一起回味一下。

博尔赫斯：噢，没问题，您现在有这本书吗？因为家里没有我的书。

费拉里：（笑）我这儿有。

博尔赫斯：那就好。

费拉里：那么，我们还记得，他主动退出公共生活，心里想的其实是，计划实施过程中不应当牵连其他人。

博尔赫斯：嗯，我不得不虚构所有环境和场景，因为我不知道他藏在哪里；他可能去了乡下。总之，对此我一无所知。我只知道他不再与女友、兄弟见面，以免连累他人。他也不看报纸了，以免别人说他是受到报纸上不断攻击总统的言论的影响。他是独立的个体。是的，就是这样。

费拉里：比如，您说："他搬到后面泥地院子的一个房间。这个措施毫无用处，不过帮助他开始了他强加在自己身上的幽禁生活。他恢复了午睡的习惯，躺在狭窄的铁床上有点悲哀地望着空空的搁板。他把书全卖了，连法学入门的书也没有保留。他只剩一部《圣经》，以前从未看过，这次也不会看完。他一页一页地翻阅，有时

[1] 阿根廷诗人何塞·埃尔南德斯所著长诗《马丁·菲耶罗》中的人物。

很感兴趣，有时又觉得腻烦，他强迫自己背出《出埃及记》的某些章节和《传道书》的结尾部分。他不想弄懂所看的东西。他是自由思想者……”[①]

博尔赫斯：这很可信，这些事全都可能发生，我认为。

费拉里：是的，您说他是自由思想家……

博尔赫斯：对，那个时代人们会说这个词，“自由思想家”。现在都不用了吧？英语是“free thinker”，法语是“esprit fort”，这个词就像是对自由思想家的致敬：刚劲的精神。法语里这个词的意思是无神论者；十八世纪用来形容不屈从于各方权势的人。也就是说……

费拉里：“他是自由思想者，但每晚睡觉前必定要念祈祷文，来蒙得维的亚之前，他向母亲保证这样做……”

博尔赫斯：哦，这里有点自传性色彩：我答应我母亲要念祈祷文，每天晚上我都这样做。其实，那个时候我介入到了对阿韦利诺·阿雷东多的命运的想象中（笑）。

费拉里：这是一种不期而至的流露，博尔赫斯（笑）。

博尔赫斯：一种适度的流露。

费拉里：“违反当儿子的诺言可能会给他带来厄运。”

博尔赫斯：啊，对，也有迷信的一面。不过，这一切或多或少会让阿韦利诺·阿雷东多这个人更容易被想象出来。

费拉里：是的，一点一点引导我们认识这些事件。

---

① 译文选自《阿韦利诺·阿雷东多》（收录于《沙之书》），王永年译。下同。

博尔赫斯：此外，我不得不虚构环境特征，适应我们时代的文风。

费拉里："他知道他的目标是八月二十五日上午。他知道还要熬过的日子的确切数目。目标一旦实现，时间也就停止，或者说得更确切些，以后发生的事就无关紧要了。"

博尔赫斯：当一个人有所期待的时候总是会这样。比方说，当我在欧洲的时候，我想："等我回到了阿根廷……" 而现在我想："当我到了意大利，或者当我到了日本……" 仿佛在那之后什么事都不会发生了。或者，当一个正在期待……哦，当一个男人等待一位女士时，他也会这么想："最重要的是她能出现。"（两人都笑了）之后会发生什么就不重要了。

费拉里："他像期待幸福或者解脱那样期待着那一天。他拨停了钟，以免老是去看，但每晚听到黑暗中传来的午夜钟声时，他撕掉一张日历，心想：又少了一天。"

博尔赫斯：我有一位朋友这么做过。他曾经在拉潘帕省当医生。当时他需要在某个地方停留一段时间，他知道自己得停留多少天，日子是固定的。因此他一页接着一页撕下日历。所以我什么都没有虚构（笑）。这些都是周围环境带给我的。除了这些，一个人还能做什么呢？

费拉里：（笑）不过，在这方面，周围环境带给您的都是非常特别的事物。"最初……"

博尔赫斯：我继续听您读，好吗？我很好奇。我不记得接下来会发生什么。距离我写这则短篇小说已经过去很多年了……

费拉里：我们接近决定性的一刻了："最初，他想建立一种生活规律。他喝马黛茶，抽自己卷的烟，阅读一定页数的书，当克莱门蒂娜给他端饭来时试图同她聊天，晚上熄灯之前复诵和润色某一篇演说。克莱门蒂娜上了年纪，同她攀谈不很容易，因为她的回忆停留在乡间和乡间的日常生活。他有一个棋盘，自己胡下，从没有下完一盘。棋子缺一个车，他就用一颗子弹或者铜板代替……”

博尔赫斯：好吧，子弹这个情节挺好，因为某个时刻他正为最后一枪做准备。

费拉里：当然。

博尔赫斯：铜板，哦，这是乌拉圭的地方特色：在乌拉圭人们说“铜板”，而这里没有人这么说，对吗？

费拉里：接下来我们需要解释一下，博尔赫斯，那颗子弹将把我们带往何处，子弹将射向谁。

博尔赫斯：那颗子弹是为共和国总统准备的，就是他打算刺杀的对象。

费拉里：乌拉圭共和国的总统。

博尔赫斯：是的，伊迪亚尔特·博尔达。不过，奇怪的是这一切在这里并不为人所知。很多人以为这则短篇小说是我虚构的。然而，在乌拉圭这是一段无人不知的历史，除了那些已经将它忘了的人，对吗？我记不清楚事件发生的确切日期……大概是在二十世纪头十年间。

布莱士・帕斯卡[①]

奥斯瓦尔多・费拉里：博尔赫斯，我常常想，您主要思考时间的问题；而帕斯卡主要思考——确切地说是——空间的问题。

豪尔赫・路易斯・博尔赫斯：是的，无限空间这个想法让他感到眩晕。不过，有意思的是，如果您重读卢克莱修[②]的《物性论》，您会发现卢克莱修沉浸在空间无限的想法中。

费拉里：宇宙的无限性。

博尔赫斯：宇宙的无限性，正是。这令他感到某种眩晕，不过是愉悦的眩晕。有一次我读到，斯宾格勒[③]说对于希腊人和他们的学徒罗马人来说，世界是由空间里的一系列物质构成的，后来出现了着迷于时间无限性和空间无限性的浮士德文化。不过，远在浮士德文化出现以前，卢克莱修已经沉浸在这种后来令帕斯卡深感恐惧

① 布莱士·帕斯卡（1623—1662），法国数学家、物理学家、哲学家。
② 卢克莱修（公元前 99—公元前 55），古罗马诗人、哲学家。
③ 奥斯瓦尔德·斯宾格勒（1880—1936），德国历史学家、心理学家。

的想法中。

费拉里：确实。

博尔赫斯：很有意思。像《物性论》这样一本书，竟然先于帕斯卡的《思想录》出现，不仅从时间角度，从思想方式的角度也是如此。因为，如今，关于空间无限性和时间无限性的想法不再令我们惧怕。无论如何，我们的想象力足以接受这种观点。

费拉里：哥白尼和伽利略的思想也出现在帕斯卡之前。

博尔赫斯：是的，我认为，西塞罗[①]早就沉浸在空间是由多重世界构成的想法中，那些世界与我们这个世界一样，都是球体的。它们中有一部分是重复的。按照我的理解，他认为当他写下那几行字的时候，另一个西塞罗在另一个星球上写下了同样的内容。这种想法远远早于尼采所说的“永恒回归”。不过，西塞罗说的不只是时间，还有空间，无限的空间，包含一切可能存在或同时存在的世界。这是在……西塞罗的《论神性》。书中某一处谈到了这个。我想这种观点很可能来自希腊人；我想这并不是西塞罗最先提出的，对吗？他应该读过某个希腊人的书。

费拉里：一切源自希腊人。

博尔赫斯：我想是的。因为西塞罗对希腊文化很了解……

费拉里：是的，正是，人文主义者（Humanitas）。不过令帕斯卡恐惧的不仅仅是空间的无限广阔，还有我们的渺小。他认为在那片广阔之中我们几乎是不存在的。

---

① 西塞罗（公元前 106—公元前 43），古罗马政治家、哲学家。

博尔赫斯：是的，他感到眩晕。不同的是，卢克莱修接受了这种观点。

费拉里：帕斯卡说的是："我不了解它、它也不了解我的无限广阔的空间"，这是您在散文中注明的。

博尔赫斯：我记得，瓦莱里[①]曾对这句话发表见解。瓦莱里说，对于帕斯卡以前、同时期和以后出现的许多思想家来说，星辰密布的苍穹不曾给他们留下这类印象；相反，他们从中看出一种秩序。他们感受到的不是恐惧，而是幸福：因为他们看到无数星辰井然有序，遵循法则，从某种程度上说这是上帝存在的证明。

费拉里：证明空间像宇宙那样是系统的。

博尔赫斯：空间是像宇宙那样，对的，是系统的，当然不是混乱的。

费拉里：还有一个现象，似乎为帕斯卡带来另一类眩晕，尽管是更隐秘的眩晕。那就是道成肉身[②]和耶稣受难。尤其是他的最后几部作品，从中可以看出道成肉身的观点震撼了他的内心。

博尔赫斯：哦，不可知论者，或某个不可知论的流派，说基督没有被钉在十字架上，十字架上钉的是幽灵，因为神是不会遭受那些风暴和疼痛的。

费拉里：上帝不会化身凡人。

---

① 保尔·瓦莱里（1871—1945），法国诗人、哲学家，代表作有《年轻的命运女神》《海滨墓园》。

② 基督教教义之一，来源于《圣经·约翰福音》第一章，指上帝的"道"通过童贞女马利亚经圣灵感孕化身耶稣。

博尔赫斯：不会化身凡人。因此，有人认为基督是一个幻象，一个神圣的幽灵。在十字架上受难的是那个幽灵。也就是否认基督拥有肉体身形。是的，再说，想到上帝要吃饭、说话、流汗，这一切很难想象……应该这么想，比被钉在十字架上更伟大的牺牲，就是屈尊于一具肉身中。神，全宇宙的创造者，囿于一具肉身之中，受到局限……哦，这可以说是肉身所带来的小小的屈辱……

费拉里：不过，我不太肯定，我记得斯宾诺莎将上帝等同于自然。

博尔赫斯：是的，他说“Deus sive natura”（神即自然）。噢，不过这是泛神论的思想，万物都是神。

费拉里：万物都是上帝。

博尔赫斯：万物都是神圣的。不过这种神性，我们可以这么理解：在矿石中它是死去的，在植物中它是沉睡着的，在动物中它已经开始做梦，然后在人类身上出现。人类将成为万物的意识，每个人都是如此。就是说，人类的头脑，能感受到时间的人类的头脑，是其他属类、其他物种所没有的。

费拉里：正是。不过帕斯卡和斯宾诺莎不同，因为帕斯卡谈论宇宙时，并非把宇宙或自然看作上帝。

博尔赫斯：啊，不，按他的理解，这是上帝的杰作，嗯。太奇怪了，布莱克谈论这个世界时带有轻蔑的语气，他说“the vegetable world”，意味着世界就像一类植物，不是吗？他说自然万物的景象无法激起他的兴趣，嗯，他说这句话时正是浪漫主义的全盛时期。但是，后来他说自己改变了看待它们的方式。比方说，当他看到曙光，不再将它看成上升的、发光的圆盘；他将这一切看成神，四周天使环绕（笑）。在他看来，自然万物充满神秘。可以说，他见到太阳，但从某种程度上说他见到的是……比如，阿波罗，除非在他个人信仰的神话中还有另一位神。

费拉里：也许这里也有希腊的思想。

博尔赫斯：可能也有希腊的思想。希腊的思想一直都在。

费拉里：它无处不在。

博尔赫斯：我想到一个文字游戏，哎，抱歉我这么说了，是阿方索·雷耶斯[1]说的。但他只将它一笔带过，而现在我要强调它。他说"某位女子，满被圣宠者"，逗号或者括号，接着是"满被希腊者"[2]（笑）。我们可以原谅他；无疑他是笑着写下这几句话的，不是吗？

费拉里：满含笑意，不过内心深处有一丝恭维。

博尔赫斯：是的，也有恭维之意，对的。当然，读到这一行的时候，有人会想，可能有人就是这么想的，"Grecia"和"gracia"两个词这么像不是偶然。从某种意义上说，"Llena de gracia"（满被圣宠）和"Llena de Grecia"（满被希腊）注定这么相似。也许在某一个富有节奏的段落中，某一页富有节奏的文字里，这一句就这么出现了，被人们忽略或接受了，不是吗？

费拉里：肯定是这样。

博尔赫斯：然而，我脱离语境，将它单独拿出来。我是在背叛我那位已故的老师兼亲爱的朋友：阿方索·雷耶斯。所以，让我们

---

① 阿方索·雷耶斯（1889—1959），墨西哥诗人、散文家、翻译家、思想家。

②"满被圣宠者"为《圣母经》原文。西班牙语"圣宠"（gracia）和"希腊"（Grecia）的拼法只相差一个字母，阿方索·雷耶斯利用谐音，制造幽默的效果。

忘了这个玩笑，它仅仅只是一句玩笑话。他将这句话写下的时候，自己肯定也在笑呢。

费拉里：博尔赫斯，在那篇关于帕斯卡的散文，您的最后一个旁注……

博尔赫斯：让我回忆一下这篇散文。这是我很久以前写的，以至于现在我只记得它的标题。我想我还记得这本书封面的颜色。太令人难过了，一本书就只剩一些实实在在的细节，不是吗？

费拉里：这本书，它是绿色的。

博尔赫斯：只剩这段绿色的记忆（*两人都笑了*），借用鲁道夫·威尔考克[①]的杂志名字《绿色记忆》，对。

费拉里：那么，我的意思是，那个球体是宇宙的中心，它没有圆周。最初它只是一个自然的概念，最后，帕斯卡说它就像一个令人恐惧的球体。

博尔赫斯：他想说的是他感到宇宙很可怕。嗯，事实上的确如此，不是吗？尽管切斯特顿[②]认为，他应当对所有事物心怀感激，但他也认识到它们都是可怕的。他说他将死去，他将不会向上帝感谢一切草地的存在。他是指像草地这样平常的事物，不是吗？

费拉里：每一样东西。我想，帕斯卡也有一股宗教般虔敬的感激之情。不过，恐惧感始终追随他，直到生命最后一刻。

博尔赫斯：是的，我记忆中的帕斯卡正是如此。

---

① 胡安·鲁道夫·威尔考克（1919—1978），阿根廷作家、评论家。

② 吉尔伯特·基思·切斯特顿（1874—1936），英国作家、哲学家、评论家，代表作有《方济各传》《阿奎那传》。

惯于模仿的国家

奥斯瓦尔多·费拉里：近来，博尔赫斯，您特别关注教育，尤其是文哲系的教育问题。不过我知道您也关心其他院系和其他学校。

豪尔赫·路易斯·博尔赫斯：是的，我曾经去过著名的国立科尔多瓦大学，就是弗朗西亚博士[①]等人就读的大学。可以说，我回来后，那里给我留下了不愉快的印象。我不得不去听……不对，我是受邀去听一堂课，课程名称让我惊慌：动力心理学。然而，我父亲是现代语言师范学校的心理学教师，而且我一直对心理学很感兴趣。曾经我以为心理学研究的是人的意识。可以这么说，心理学是经院哲学的学者，像威廉·詹姆斯[②]、斯皮勒[③]等人研究的内容。我以为心理学研究的是意识、行为或意识的机制，以及奇异的事物，

① 何塞·加斯帕尔·罗德里格斯·德弗朗西亚（1766—1840），乌拉圭政治家、律师。

② 威廉·詹姆斯（1842—1910），美国哲学家、历史学家、心理学家。

③ 古斯塔夫·斯皮勒（1864—1940），匈牙利裔英国社会学作家。

例如梦、睡眠、记忆、遗忘、意志。我以为这是心理学的研究领域。

费拉里：是的。

博尔赫斯：自然我还会想到柏格森。直到后来我听了那堂课，可能那个课程名称已经为我敲响警钟了：动力心理学。授课老师的名字我就不提了，我也不记得了。一上课，老师用粉笔在黑板上写："导论课"（Clase prólogo）。这个词组不是很恰当。但是那里的百十来位学生不得不把这个词抄写下来。这堂动力心理学课上了半个小时。我发现这堂课与心理学或动力都毫无关系，因为课上介绍了一系列……嗯，基于词源学的概念混淆。不过，我对词源学特别感兴趣，如您所知，特别是当我发现完全不同的概念有同一个词根。比如，不久前我研究发现"cleptómano"（有盗窃癖的人）和"clepsidra"（滴漏）词源相同。这两个词看起来完全不一样，但是第一个词"cleptómano"，是小偷的意思，对吗？就是偷窃、盗取钱财或其他东西的人。而从滴漏中，同样可以提取水。或者，还有一个我们见过很多次的例子：多奇怪，"náusea"（恶心）这个可怕的、任何作家都不敢用的词，有一个很美的词根"nave"（船）。从"nave"，拉丁语可能是念"navis"，衍化出"naval"（海军的）、"náutico"（航海术的）和"náusea"，可以理解为一个人在船上会感到恶心。看到迥然不同的词语有相同的词根，我总会觉得尽兴。但是动力心理学所做的恰恰相反：它要说明两个词是同义词，原因是它们有相同的词根。于是，他以"crear"（创造）和"creer"（相信）为例，得出这两个词是同义词，我不知道它们的词根是否相同，但不管怎么说，我认为这样的结论很可笑。它的论据是，如果一个人相信，他便会创造，就是说一个人相信他所创造的东西。然而，这应该是一种谐音、拆读游戏、幽默短句。他还举了其他六七个例子，同样很有趣，不过幸好比我刚刚提到的例子更容易忘记。学生不得不将这些语言游戏记下来。我猜想这应该就是一种教学材料。这就是他们学习的内容，之后的考试将根据这些内容考查学生。不过，尽管我认为现在这种考试几乎不存在了，因为现在要求取消大学入学考试，但还是有集体测试，一个学生替其他学生回答问题。此外，有老师曾遭到学生的恐吓。这太可怕了，大学一味鼓励暴行、发展幻想科学，比如动力心理学，而不是开展教育。但愿其他地方情况会好一点。

费拉里：这是您在科尔多瓦观察到的现象。

博尔赫斯：是的，我在科尔多瓦观察到的现象。我觉得很奇怪，因为除此之外，在我印象里，他们都是这么做的，课堂上只讲……哦，老师们会稍微自我炫耀一下，不是吗？或者，不管怎么说，老师可以给学生带来惊奇。但很可惜，大学中没有人开展研究，它仅仅是个说俏皮话的地方。我认为，在这里文学研究同样如此，比方说，文学研究似乎完全脱离了美学上的享受。

费拉里：您是说在布宜诺斯艾利斯吗？

博尔赫斯：是的，可能世界上很多地方也是这样。对，脱离了美学享受，追求纯粹的游戏。我曾经担心心理学会被精神分析学取代，不仅仅在一系列词源学上的文字游戏方面。

费拉里：在这方面，可以说，需要学生有此意愿，建议才会被接受。

博尔赫斯：是的，但是学生太听话了……另外，这些也不困难。

我是说，学生学习这些浅显的内容，毫不费力，对吗？

费拉里：不管怎么说，他们记住这些内容了。

博尔赫斯：不管怎么说，他们记住这些内容了，好吧，幸好过后他们就会忘了（笑）。幸运的话，他还可以忘记那些为了考试背诵的内容。

费拉里：那得在通过考试之后。

博尔赫斯：是的，通过考试之后他就可以全部忘记了。毫无损失，不是吗？真令人难过，我们国家在衰颓，所有人都知道。遗憾的是，衰颓的不只有伦理和经济，还有智识。噢，这种情况可能是受到政治因素的影响，不是吗？或是考虑到委员会的标准。在科尔多瓦时，有人告诉我当时学生的人数，那个数字太大了。

费拉里：多少？

博尔赫斯：我不记得了，但是我知道有好几万。我不知道师资是否充足，能够满足这么多学生。也许应该限制学生人数，以便大家能真正学到东西。但是，在我们这个时代，数据似乎更重要，对吧？似乎数据说了算。对了，我曾经把民主定义为对数据的滥用。如果大学继续沿着这条道路前进，也就是说，最看重的不是有人在学习，而是拥有更多学生……而且，在我们国家，我们有使用委婉语的倾向，那好吧，事情实际上将更严重。比如，我去过几个大学城，有些是美国的学校。那里是真正意义的大学城，有教室，学生和老师住在学校里。然而，在这里，只要有两个院系坐落在某个城区，那里就可以被称为大学城了。但这不是大学城，因为没有人住在里面。好像用上这个词就够了，不是吗？

费拉里：对，而且滥用词义。

博尔赫斯：嗯，我想是的。比如，我们缺少八十二个将军……可能关键在于能找到一个，而找到一个恐怕也已经是过分的要求了。然而，那八十二个将军，有可能是八十二个能力不足的人，八十二个想当将军的人，或者八十二个乔装打扮的人：八十二个穿着制服的人。

费拉里：这让我想起您说过一句话，有关我们国家；您说："在这个国家，一个军人可能是一位穿着制服的平民。"

博尔赫斯：是的，记得您对我说过，很多平民实质上是没有穿着制服的军人。

费拉里：嗯，的确如此。

博尔赫斯：不是指他们的战略才能，而是他们对专制和暴行的热爱。这意味着他们不懂得怎么打赢一场战役，却懂得怎样拘捕一个市民，这个才是他们会干的。

费拉里：因此，在我看来，这一年来，您对我国大学里发生的事忧心忡忡，您过去也表达过类似的忧虑。

博尔赫斯：嗯，这很正常。我在文哲系担任英国文学教师二十年。我教授的不是英国文学，我并不懂英国文学，我教授的是爱。不是对所有文学的爱，那就太荒唐了，而是对部分作家、部分作品的爱。我想，从这点上说，我做到了。

费拉里：确实。

博尔赫斯：因此，对于这里发生的一切我很难过。事实上，我是名誉教授和顾问教授，但是学校从来没有向我询问任何问题，对此我不知道该说什么。我问过何塞·路易斯·罗梅罗[①]，学校授予我们名誉教授或顾问教授，这是要做什么呢？哦，他对我说："实际上我也不知道，但是我想出发点是好的。"因为如果不是一份纯粹口头上的礼物，还能是什么？给一个人添加或赠送两个称号。

费拉里：您吐露自己的担忧后，近来还是没有人来向您请教吗？

博尔赫斯：……没有，我吐露了自己的担忧，来向我询问就更不合适了，不是吗？（笑）我不允许任何无价值的内容被"施加"，或更确切地说是"赠送""提供"给无所事事的学生。

费拉里：在这个时代，对阿根廷人来说最困难的事，或许是对发生的一切了然于心并保持清醒。从这个意义上说，我认为您的态度很重要，有助于唤醒意识，哪怕会让人不舒服。

博尔赫斯：但对我来说不只是不舒服，更是痛苦。

费拉里：因此，意识的责任。

博尔赫斯：是的，我对这门课的内容感到无比惊异，我客气地称之为"动力心理学"，但它既和心理学无关，也和动力无关。

费拉里：希腊人的礼物[②]（笑）。

博尔赫斯：（笑）是的，希腊人的礼物，的确。我不知道这是从何而来的。我想应该不是科尔多瓦独创的，就像大学改革那样，我觉得不是独创的。其他地方肯定也是这么教的，不是吗？总之，我们是一个惯于模仿的国家。

---

① 何塞·路易斯·罗梅罗（1909—1977），阿根廷历史学家。

② 典出特洛伊之战，指图谋害人的礼物。

《天堂与地狱之书》

圣托马斯[①]，《塔木德》[②]

奥斯瓦尔多·费拉里：博尔赫斯，有时候，我会想再谈谈您和阿道夫·比奥伊·卡萨雷斯共同编写的那本书。它的书名和布莱克[③]的一本书相似。我说的是《天堂与地狱之书》。

豪尔赫·路易斯·博尔赫斯：当然，是的，布莱克的标题用的是“婚礼”……

费拉里：是“婚姻”。

博尔赫斯：《天堂与地狱的婚姻》，*Marriage of Heaven and Hell*，对。

费拉里：不过，在您和比奥伊·卡萨雷斯的《天堂与地狱之书》里……

① 托马斯·阿奎那（1225—1274），中世纪基督教神学家、哲学家，著有《神学大全》。

② 犹太教经典作品，涵盖犹太教的中心教义、法律法规、神学思想等方面。

③ 威廉·布莱克（1757—1827），英国诗人、画家。

博尔赫斯：嗯，书里肯定收录了布莱克的文章吧？

费拉里：这是自然。

博尔赫斯：总之，我希望是的。

费拉里：有的，我确定。不过，除此之外，书里还收录了一段我感兴趣的文字，就是圣托马斯·阿奎那的文章，叫作《肉体的复活》。

博尔赫斯：不，我觉得这篇不是圣托马斯的，是奥利金[1]的。我是说我接下来要说的片段是奥利金写的。奥利金说球体拥有完美的形状。完美指的是任何一点……球面上任何一点到球心都是等距的。当肉身复活，人们，也可以说是我们，将以球体的形态复活，滚着进入天堂。或者，您说的不是这段？是另一篇文章？

费拉里：我想不是同一篇，不过这段也很有意思。圣托马斯说"只有满足自然实质的需要的东西才会复活"，这是第一句话。"一切有关复活之后人的完整性的论述，都应该提到属于人性实质的东西；因为不属于人性实质的东西将不会在复活的人类身上再现。"

博尔赫斯：那么，这是什么意思？意思是人们复活后将不再有缺点？就是说，比如，我复活后将不再失明，我能看见这个世界。或者还有别的意思？再比如，一个麻风病患者，复活后他将是健健康康的，是这个意思吗？

费拉里：他这样解释……

博尔赫斯：还是说，他的意思是复活的东西就是合适的东西。

费拉里：有可能。

① 奥利金（184—253），基督教学者、神学家。

博尔赫斯：不，我认为不是这样的。这样说来如果有人被判入地狱……这又该如何解释呢，我不知道。再说，"人性实质"说得很模糊，可能没有任何含义，也可能包含一切含义。

费拉里：是的，他说："否则，要是所有转化为肌肉和血液的食物也重现，那么人类该有如何庞大的体形啊。"不过，这样解释有些奇怪。

博尔赫斯：他想说，当一个人复活时，他一生中吃过的面包也会跟着他一起重现，是吗？那么，他的体形会因他喝过的水不断增大。是这个意思吗？不然就没有别的意思了。

费拉里：嗯，我们继续看，可能他会解释一下。

博尔赫斯：好，我们看看，我特别好奇。好像任何一种解释都不太说得通，对吗？

费拉里：（笑）确实。"就这样，复活的只有每个物种的本质特性；基于人的物种类型和形态判断，其本质特性的东西会完完整整出现在复活的人身上，比如器官，比如肉、神经等所有组成器官的物质。"

博尔赫斯：就是说，没有人会重生为侏儒或巨人。我不确定，也许每个人将体形相当。这是不是他想说的？

费拉里：让我们继续，也许他会解释得更清楚些。

博尔赫斯：让我们继续，可能等一下就都清楚了。不然，我们可能会达到据瓦莱里所说很难实现的状态，完美的混乱，对吗？一种完美的无序（笑）。我们来看一下，现在我们正慢慢深入。

费拉里："自然状态下，构成这些部分的物质不会全部复活，只需要复活维持物种整体性的基本物质。"

博尔赫斯：这意思是，举个例子，我们吃下的沙丁鱼不会全都复活。

费拉里：（笑）可见不会。越来越难了。

博尔赫斯：但是，我不知道是否有人想过这种情况的可能性。

费拉里：太奇怪了。因为，他又补充道："但是，人的整体性将在量上保持一致，尽管人身上的物质不会全部复活。结果很明显，一生中，人在量上是不变的，从始至终。"

博尔赫斯：好吧，神秘的副词，"量上"。"量上"什么意思？意思是"定量"的吗？

费拉里：嗯，显然只能这么解释。从量上看。

博尔赫斯：有一件事需要弄明白：到了审判日，老年人复活后还是老年人吗？还是说，复活的总是那些处在三十三或三十五岁这个黄金年龄的人。有两种可能：三十三岁，当然，这是基督被钉上十字架时的年龄，也是亚当出生时的年龄；三十五岁，这是根据但丁的回忆，他写过一行著名的诗句："Nel mezzo del cammin di nostra vita.（方吾生之半路。①）"就是说，如果人生之路是七十年，那"半路"就是三十五岁。另外，他还在《新生》② 中做过解释。

费拉里：那么，我来念最后一段。

博尔赫斯：那么，我们看一下，我们将会看到一个结论，还是看到弥尔顿所说的"confused words confounded"（令人混乱的易混

① 出自《神曲》，钱稻孙译。

② 但丁早期创作的十四行诗，写于 1293 年。诗歌抒发了他对贝亚特丽齐的炙热感情。

词）[1]（笑）。

费拉里：（笑）“然而，在复活的人身上，保留物种特性的物质并不是一成不变的，而是有所减少，或有所增加。就像木柴，一边燃烧，一边添柴，才能保持自身的火苗。如果能维持物种的存在和适宜的数量，人就能保持完整。”

博尔赫斯：我不知道您会不会觉得有些迷惑，我确实……

费拉里：博尔赫斯，我想这是我们第一次毫无头绪。这就是圣托马斯的迷宫。

博尔赫斯：是的，最奇妙的是，这段文字本来并非为了兜圈子，而是为了解释他的观点。

费拉里：正是。

博尔赫斯：我想说的是，这些全是解释，却最神秘难懂，对不对？我记得拜伦有一首诗，谈到柯勒律治[2]，他说柯勒律治在“Explaining metaphysics to the nation”（他尽拿一套玄学来向国人解释[3]）。他还说：“我希望他把‘解释’再加以解释。”[4]我想这句诗不仅可以用在柯勒律治身上，还可以用在圣托马斯身上，对吗？“我希望他把‘解释’再加以解释”，因为他的解释似乎比任何谜题、任何问题还朦胧。

费拉里：这是因为不同于圣奥古斯丁[5]，圣托马斯是亚里士多德

---

① 疑为口误或改编，《失乐园》中此句原文为“confusion worse confounded”，意为“混乱之中再添混乱”。

② 塞缪尔·泰勒·柯勒律治（1772—1834），英国诗人、文学评论家、哲学家。

③ 出自《唐璜·献辞》，查良铮译。

④ 同上。

⑤ 圣奥古斯丁（354—430），古罗马帝国时期思想家。

派，一直以来他尤其注重理性。所以一切变得复杂了，我们阅读的时候不可以借助想象，只能进行推论。

博尔赫斯：在这种情况下，我不确定自己是不是懂得推论。我紧跟他的论证思路，却仍然无法理解。当然，有个说法很神秘，怎么说来着？自然的本质还是本质的自然？我不知道是哪种说法，也许都不是。

费拉里："只有满足自然实质需要的东西才会复活。"

博尔赫斯：这是什么意思？

费拉里：有些模糊。也许给圣托马斯·阿奎那写传记的切斯特顿……

博尔赫斯：嗯，他说写圣方济各，一份大纲就够了；但是写圣托马斯，需要一张平面图。我们需要这样一张很大的平面图。是的，写圣托马斯，跟写一份大纲或一张设计稿不同，更确切地说，像是在画一张地图。

费拉里：不错。不过，谈到切斯特顿写的圣托马斯传记，您一定记得，那是怎样一部优秀的作品啊。

博尔赫斯：是的，杰出的传记。不过我不记得书里有这一段，我想这段难倒切斯特顿了。不，他一定是对此做出了非常精妙的解释；比这段解释性文本更加精妙，应该能让我们理解，对吗？但我认为这些话没法解释，您确定它被收录在那本书中吗？

费拉里：是的。

博尔赫斯：我们把它收录进去，就像一件博物馆藏品，就像用来消遣的东西，就像……不，不是为了徒增烦恼，但确实可以让读者进行一些思考，可以这么说。

费拉里：说到切斯特顿写的圣托马斯传记，有个评论家说圣托马斯等了七个世纪，就是为了将自己的传记交给切斯特顿，或许有些夸张了。

博尔赫斯：这是想说传记比《神学大全》更容易懂吗？倒是不难理解（笑）。

费拉里：赫胥黎写过一段话。

博尔赫斯：我们来看看……

费拉里：他说，生命走到尽头，圣托马斯感到自己写下的所有文字……他的原话是“他认为自己过去写下的所有文字太空洞浮泛了”，就这样，很多材料几乎是无用的，因为他可能已经处在静思冥想状态了。

博尔赫斯：不过，后来他开始静思冥想，这是不是有助于我们解读那段文字，可以说它是过去写的初稿，不是吗？

费拉里：肉体的复活常常让您感到不安，它无法解释。

博尔赫斯：当然，它不像奥利金所说的那么有画面感，他认为人们将以球体的形态复活……却丝毫没有提到球体的大小。它们是不是全部一样呢？但最好想象它们不是完全一样的，对吗？嗯，奥利金的说法当然只是一种文字游戏：球拥有完美的形状，并不意味着球体在视觉上就比柱体、科莱奥尼骑马像、加塔梅拉塔骑马像更赏心悦目。仅仅从这个角度上来说它是完美的：即球面上的每个点到球心都是等距的。不过从美学上来说，它不是最完美的。如果一位雕塑家只塑造球体，我认为他不会获得多大的成就，不是吗？噢，立体主义也有种奇怪的想法，他们认为一切形体都能简化为立方体。然而，我不清楚为何是立方体，而不是棱锥、圆锥体、圆柱。如果我们打算研究这个话题，可能需要学习一下立体主义的理论，如果立体主义真的有理论的话，对此我们永远也不会有答案，对吗？

费拉里：博尔赫斯，我们试图理解圣托马斯，但可能失败了。

博尔赫斯：不是的，或许失败的是圣托马斯（两人都笑了）。他是圣徒，而我们不是。我们不是圣徒，我们还没失败。

费拉里：我们还没失败。

博尔赫斯：好吧，在试图理解这些文字的努力上失败了。

费拉里：不过，还有一篇选段，很短，就在《天堂与地狱之书》中……

博尔赫斯：嗯，看看，希望能更……

费拉里：希望能更清晰，更具体……

博尔赫斯：不像这段话这么阴沉和神秘。

费拉里：是《塔木德》中所写的，“给犹太人的天堂”：“伊甸园比埃及大六十倍；伊甸园坐落在球形天空的第七层。”之前我们谈论到球体，现在我们有了一个确切的球体。

博尔赫斯：是的。

费拉里：“从两扇门外进来六十个天使，带着如同天穹般明媚的面容。”

博尔赫斯：是的，我想一切如此庞大，甚至难以想象，不是吗？如果你对一个人说有两个天使，他会相信的；但如果你和他说有成百上千的天使，这个数字超出想象的范围了。越庞大，越模糊。

费拉里：然而，现在更具体了。

博尔赫斯：我们接着看。

费拉里："当一个正义的人来到伊甸园，天使褪去他的衣物，为他戴上两顶王冠，一顶是金子做的，另一顶是宝石做的；天使将八根爱神木杖交到他的手中；天使围绕在他身边，用悦耳的歌声不停地唱道：'吃下你的面包，享受吧。'"

博尔赫斯：好吧，我不知道拿着八根爱神木手杖，吃饭是否方便，是吗？很难想象这个画面。

费拉里：（笑）博尔赫斯，在您身上……

博尔赫斯：幸好没有画家尝试把它画下来，我想应该没有。把这位别扭而正义的人画下来，应该非常困难吧。他正在享受，以及，吃着一块之前没有提到过的面包。就这么"ex nihilo"（无中生有），从虚无当中出现。

费拉里：博尔赫斯，好几次我注意到，在您身上有两种能力：一种是严谨的理性思维，圣托马斯式的；另一种是圣奥古斯丁或柏拉图式的思维方式，神秘主义式的。

博尔赫斯：嗯，您刚刚读的这些话，我不知道该用哪种方式思考更好。好像用神秘主义式的思维方式更合适，不过并不会让人愉快，是吗？仿佛一个人试图展开想象，但是失败了。于是，他到处寻求帮助。

费拉里：很遗憾，今天陷入了双重失败，博尔赫斯，不过……

博尔赫斯：不过，不是我们的失败，而是神学家的。

自由主义和民族主义

奥斯瓦尔多·费拉里：博尔赫斯，我们这一代人觉得有件事很奇怪，甚至难以理解，为什么在阿根廷文学和文化传统是否缺失的问题上，民族主义者和自由主义者争议不断？

豪尔赫·路易斯·博尔赫斯：我也觉得奇怪。当然，这是个寻找身份认同的问题。但是，依我看，最好别找到认同感。因为就像我不止一次说过的，我们是被流放的西方人和欧洲人，我们在幸福的流放地。然而，奇怪的是民族主义者坚决否认我们国家的独特之处，即强烈的移民色彩。在所有美洲国家中，包括北美国家，这就是阿根廷的独特之处，而民族主义者否认的恰恰就是这点。民族主义者希望我们是西班牙人、印第安人，就像南美洲其他国家那样。奇怪得很，他们否认我们身上最独特的地方。而且他们确实不承认我们是移民国家，他们仅仅承认西班牙元素和印第安元素，而后者在我们国家几乎毫无痕迹。嗯，他们的观点自然是不合逻辑的。

费拉里：不过，最奇怪的是，国内不同年龄段的人们竟然都就这一问题产生了一定程度的分歧。

博尔赫斯：是的，我猜想对于八十年代的人们来说，移民是一个美好的概念，而其他时期的人们认为移民是一个危险因素。

费拉里：您是说移民会损害身份认同？

博尔赫斯：是的，我是这么理解的。他们认为我们所有的恶习都源自移民，但不是这样的。我们的恶行紧随独立战争接踵而至，紧接着是无政府状态，考迪罗政府；所有这些问题都发生在移民潮之前。我记得庇隆[①]独裁期间，有人说这都是移民者的错。针对这种说法，我有必要指出，庇隆主义在移民人数较少的内省尤其强劲。近来，据说在图库曼爆发了一场冲突，而那里是西班牙文化和印第安文化融合的地方，正是民族主义者所推崇的。

费拉里：在文学领域，提出这个问题的可能是卢贡内斯，他在《民间歌手》里提出了自己的观点。

博尔赫斯：嗯，不过要想理解卢贡内斯，离不开法国文学。此外，他还崇拜但丁。

费拉里：是的，不过，提到《马丁·菲耶罗》……

博尔赫斯：嗯，有一个说法，在我看来是出于迷信，即每个国家都需要一本自己的圣书。于是，他想到了这本书。《马丁·菲耶罗》可以成为我们的《古兰经》，我们的《圣经》。挺奇怪的。举个例子，有一次我听到有人正在和外国文学家交谈，那人赠送对方一本《马丁·菲耶罗》，并说道："这是我们的《圣经》。"太奇怪了，对不对？

---

① 胡安·多明戈·庇隆（1895—1974），阿根廷政治家、民族主义者，于 1946 年至 1955 年、1973 年至 1974 年任阿根廷总统。

然而，人们认可……

费拉里：而这是不是意味着作家应该立足于高乔的传统？在阿根廷，写作意味着对这个传统的延续？

博尔赫斯：不，我认为不是，我认为这只说明阿根廷文学在《马丁·菲耶罗》达到了顶峰。但我觉得作家们并不打算延续这个传统。它是一部“圣书”，那么要如何模仿它才能不亵渎它呢？我认为，那些刻画相似主题的作家也不会觉得自己是这个传统的继承者。恰恰相反，当《堂塞贡多·松布拉》[①]这本获得卢贡内斯赞赏的小说出版时，豪尔赫·阿利马诺在《南方》杂志发表了一篇文章，称赞这本书说，我们一直怀疑马丁·菲耶罗是不是高乔人，现在我们有了例证（也就是《堂塞贡多·松布拉》，书里的高乔人既平静又和气，高乔人不一定是逃兵或亡命之徒）。我想，噢，吉拉尔德斯有一次甚至对我说，堂塞贡多·松布拉比马丁·菲耶罗更能代表高乔人。这当然了，毕竟我们的同胞大多不是亡命之徒。

费拉里：是的，显然两种类型的高乔人至少相差半个多世纪。

博尔赫斯：的确，当然。吉拉尔德斯发表《堂塞贡多·松布拉》时，不知道马丁·菲耶罗那样的高乔人是否依然存在，我认为已经没有了。我想应该这么理解《堂塞贡多·松布拉》：可以说，它是里卡多在牧场度过的童年。就像卡列戈[②]笔下的巴勒莫，他发表《郊外的灵魂》的时候，书中描写的巴勒莫也是时代错置，因为我依稀记得……我

---

① 阿根廷作家里卡多·吉拉尔德斯（1886—1972）的代表作。

② 埃瓦里斯托·卡列戈（1883—1912），阿根廷诗人，博尔赫斯在随笔集《埃瓦里斯托·卡列戈》中对他的生平与作品进行了介绍与评价。

记得巴勒莫没有什么暴力冲突，嗯，可能以前有过。不过，当时到处都很平静，不只是在巴勒莫，对吗？

费拉里：可能是在过去的传说的基础上写的。

博尔赫斯：是的，我认为是的。可能卡列戈想到了勇敢无畏的传统；相比于布宜诺斯艾利斯，这种气质在恩特雷里奥斯更强烈。

费拉里：您说过，里卡多·罗哈斯[①]解释过高乔诗歌的起源，但他的想法太含糊。

博尔赫斯：当然，因为写到高乔诗人时，罗哈斯将他们称为民间诗人。但据我所知，这些人中间没有一人是民间诗人。噢，也许阿斯卡苏比[②]算是，但也没有确证。不，我认为他不是，我认为高乔诗歌显然是起源于城市。

费拉里：布宜诺斯艾利斯，是它创造了高乔人和潘帕斯草原吗？

博尔赫斯：是的，我认为是的。不过这是很好的创造，不应该因此指责布宜诺斯艾利斯，反而还要向它致谢。

费拉里：关于这个，我记得您曾经说到，阿根廷作家以某种方式表达的东西，正是阿根廷人内心深处的喜好。比如，您引用了班奇斯[③]的诗句，诗中可以察觉到这里的人们独有的含蓄或腼腆。

博尔赫斯：是的，尤其是他没有刻意追求地方特色。诗里写到夜莺和屋顶，对吗？“……太阳在屋顶 / 和窗口闪耀。夜莺 / 仿佛

---

① 里卡多·罗哈斯（1882—1957），阿根廷诗人、剧作家、演说家。

② 希拉里奥·阿斯卡苏比（1807—1875），阿根廷诗人、外交家、政治家，高乔文学代表人之一。

③ 恩里克·班奇斯（1888—1968），阿根廷诗人，代表作有《骨灰盒》《船》。

在说它们堕入情网。”比如，他明显没有用“天台”和“嘲鸫”[①]，而是用“夜莺”和“屋顶”。

费拉里：尽管“夜莺”和“屋顶”是外来语，但是他的写作风格是本土的。

博尔赫斯：当然，这比他选用的词汇更重要。我觉得如果一个人执迷于地方特色，他会把一切变得虚假，不是吗？举个例子，我写过一些米隆加[②]，我尽量避免了使用阿根廷的词汇，但我们还是能读出阿根廷人自然的旋律。这些旋律不是我刻意寻找的，我是自然而然感受到的。

费拉里：或者说，某个时刻它们找到了您。

博尔赫斯：对，没错，如果您读过我的米隆加，您会发现我的诗里几乎没有阿根廷式的词语。仅有的一些也是因为不可避免，而非刻意使用。我认为阿根廷元素大多体现在旋律中，在声音里。那种声音……如果一篇文章是阿根廷式的，读者也会按照阿根廷的习惯读它。

费拉里：读者能体会到的。现在，总结一下，比如我们看马丁内斯·埃斯特拉达[③]有一个著名的理论，他说欧洲文明被强行植入这片土地和这里的人民，可是我们国家连自己的文化和文明问题都还没解决。

---

① 这里指淡褐小嘲鸫。

② 一种流行于阿根廷、乌拉圭等地的音乐形式，源自高乔文化。这里指米隆加歌词。

③ 埃塞基耶尔·马丁内斯·埃斯特拉达（1895—1964），阿根廷作家、文学评论家，代表作有《潘帕斯草原的透视》等。

博尔赫斯：嗯，比森特·罗西[1]更激进，他使用了归谬法，他说他在各种可能的语言中选择了西班牙语。这当然不是真的：好比让人在瓜拉尼语和卡斯蒂利亚语之间，或卡斯蒂利亚语和法语之间选择。这是荒谬的：大家都说卡斯蒂利亚语……不过，这还不是最诡异的。比如，有一则短篇小说，阿图罗·坎塞拉[2]的《命运是侥幸的》。小说里有一个爱吹牛的人，他姓洛佩斯，这个西班牙的姓氏让他引以为傲。然而，我认为人们并不会想到洛佩斯这个姓源自西班牙，因为这是一个大家都听过的姓氏，人们不会注意到它是西班牙的。大家开口说话时，并不会想到自己说的是西班牙语，而是自然而然、无意识地说话。

费拉里：是的。不过另一方面，您说过阿根廷的历史可以被定义为一段渴望脱离西班牙的历史。

博尔赫斯：哦，没错，当然，不过我说的是政治意义上的脱离。至于语言方面，哦，从我们说卡斯蒂利亚语开始……我用的是"卡斯蒂利亚语"，比起"西班牙语"，人们更喜欢用"卡斯蒂利亚语"这个说法，因为"卡斯蒂利亚语"应用更广。但在西班牙不是这样的，他们说"西班牙语"，因为"卡斯蒂利亚语"好像特指某一个地区：卡斯蒂利亚。但在这里，西班牙的某个地区和我们有什么关系呢？没有。于是，人们更喜欢用"卡斯蒂利亚语"这个含义更广的词。但在西班牙，"卡斯蒂利亚语"反而有地域概念。多奇怪，"卡斯蒂利亚语"和"西班牙语"两个词在大西洋两岸有不同的内涵。事实上，

---

① 比森特·罗西（1871—1945），乌拉圭作家。

② 阿图罗·坎塞拉（1892—1957），阿根廷记者、作家。

卢贡内斯为他的词典命名为《卡斯蒂利亚语常用词典》；语言学家科斯塔·阿尔瓦雷斯[①]有一本书，他用的是“卡斯蒂利亚语”，阿根廷语，或类似的说法，而不是用“西班牙语”。在他看来“西班牙语”，嗯，仿佛某种形式的政治干预。

费拉里：总之，不过是命名不同。

博尔赫斯：当然。

费拉里：有一件事，您应该会觉得它很好地说明了阿根廷与欧洲之间存在天然的联系，那就是二战期间人们对于选择阵营的忧惧，以及人们选择支持的派别。

博尔赫斯：是的，我想西班牙内战让我们意识到我们与西班牙之间的同一性，因为在此之前没有人记得过去某个时期我们曾经是西班牙人。随着西班牙内战开始，一些人支持君主制，另一些人支持共和制。或者，最好这么说，人们选择支持弗朗哥或支持共和。

费拉里：这种情况持续到第二次世界大战，在那期间一些人拥护同盟……

博尔赫斯：是的，拥护同盟或亲德。我发表过一篇文章，说到亲德派并不是德国的朋友，他们不过是英国和法国的敌人，但不是德国真正的盟友，关于德国他们一无所知，仅此而已。

费拉里：那么，就这方面而言，能否说这就是阿根廷自由主义者和民族主义者的分歧所在？

博尔赫斯：对，我认为是的，因为据民族主义者自己所说，他

---

① 阿图罗·科斯塔·阿尔瓦雷斯（1870—1929），阿根廷语言学家。

们是亲德派，尽管他们对德国一无所知。不过这不重要，他们真正感兴趣的是希特勒与英法两国的对抗，特别是他与英国的对抗。对，我有一篇发表在《家园》杂志上的文章谈到了这个。

费拉里：不过，现在，您怎么看这个问题：我们是否拥有自己的传统呢？不论这种传统是否与西班牙或其他国家有关。这个问题现在似乎不像过去那样常被人谈及了。

博尔赫斯：确实没有，再说，最好不去谈论它。

费拉里：我们可以说这个问题已经得到解决了吗？

博尔赫斯：我们拥有的传统越多越好；我们越多地吸纳包括西班牙在内的不同国家的影响越好。我们为什么不尽可能接纳所有国家、所有文化呢？我们国家为什么不朝着世界性的方向发展呢？我们没有理由不这么做。

费拉里：嗯。此外，或许现在可以说，在我们国家存在一点文学传统。

博尔赫斯：十九世纪也有。因为，总体上说，我们有萨米恩托[①]，有阿尔玛富埃尔特[②]，还可以算上洛佩斯等其他作家。

费拉里：我之所以这么说，是因为新一代作家群体——如穆雷纳[③]——说在阿根廷，写作可能是从博尔赫斯、马列阿[④]、马丁

① 多明戈·福斯蒂诺·萨米恩托（1811—1888），阿根廷政治家、作家，曾于1868年至1874年任阿根廷总统，代表作有《法昆多，又名文明与野蛮》。

② 佩德罗·博尼法西奥·帕拉西奥斯（1854—1917），阿根廷诗人，笔名为“阿尔玛富埃尔特”，代表作有《传教士》。

③ 埃克托·阿尔瓦雷斯·穆雷纳（1923—1975），阿根廷作家，《南方》杂志长期撰稿人。

④ 爱德华多·马列阿（1903—1982），阿根廷散文家、文化评论家，代表作有《阿根廷激情故事》。

内斯·埃斯特拉达和马雷夏尔[1]开始的。

博尔赫斯：……不过，删去其中一个名字吧：我的名字。没有这些得天独厚的条件，马丁内斯·埃斯特拉达和卢贡内斯如何创作呢（两人都笑了）。

费拉里：所以，传统也对他们产生了影响。

博尔赫斯：似乎是这样的，或者不管怎么说……是的，这点我也不清楚。我从未想过把马雷夏尔和马丁内斯·埃斯特拉达放在一起考虑。

---

① 莱奥波尔多·马雷夏尔（1900—1970），阿根廷作家、评论家，代表作有《亚当·布宜诺赛雷斯》。

爱默生[1]和惠特曼

奥斯瓦尔多·费拉里：博尔赫斯，您对爱默生的看法有些独特。您说惠特曼和爱伦·坡掩藏了他的故事，爱默生的故事。

豪尔赫·路易斯·博尔赫斯：是的。曾经，比起爱默生，他们两人可以说是默默无闻。但是爱默生对惠特曼特别慷慨。1855 年，惠特曼向他寄送了第一本《草叶集》……不对，是第一版的《草叶集》。同年，朗费罗[2]发表了另一首美国诗歌：《海华沙之歌》，这首诗已经被人们遗忘了，或在学校里被束之高阁。两首诗的情况都是如此。好吧，1855 年这两首诗同时出现。《海华沙》相当于美国的《塔瓦雷》[3]，只不过没有白人，全是印第安人。朗费罗沿用芬兰史诗《卡勒瓦拉》的韵律，尽管韵律感没有那么强。这一年《草叶集》第一

① 拉尔夫·沃尔多·爱默生（1803—1882），美国诗人、哲学家，代表作有《论自然》《论美国学者》。
② 亨利·沃兹沃斯·朗费罗（1807—1882），美国诗人、教育家，代表作有《海华沙之歌》。
③ 乌拉圭的民族史诗，描写西班牙妇女和印第安酋长的儿子之间的传奇故事。

版也出来了。爱默生以某种方式预言了惠特曼的未来。他在文章《论美国学者》中说，一位美国诗人应当容纳一切，精华与糟粕，以及阴谋、罪恶、憎恶、贪婪。所有这些，他说，都应当无缺无差。不过，当然，预言诗人的未来是一回事，成为那位诗人是另一回事。

费拉里：啊，当然。

博尔赫斯：完全不同。嗯，当时爱默生给沃尔特·惠特曼寄了一封信，爱默生对他的称赞非常慷慨，可以说也是恰当的。爱默生说他认为那首诗是迄今为止为美国最精巧、最具才智的作品。他说自己不常去纽约，不过下次去的话，一定要去探访写下这部作品的巨匠，惠特曼。而惠特曼，我想，他当时只是《布鲁克林鹰报》——反正是一份不太好的日报的撰稿人。但他写下了这首出色的诗歌。可是惠特曼冒犯了爱默生：他发表了爱默生的信。这是不合适的，因为信是爱默生专门写给他的，惠特曼没有权力这么做。还有，我记得这封信被收录在第三版里，这一版还收录了一些爱默生不看好的艳情诗。这些诗如今颇为出名。

费拉里：是的。

博尔赫斯：自然，一定程度上，爱默生成了那些诗的同谋，它们令当时的读者大为恼火。也许换作今天，这些诗无伤大雅，无须顾虑。

费拉里：正如您所看到的这一切，爱默生是一位真正的绅士。

博尔赫斯：啊，是的，不过我不知道是否……我不记得在惠特曼的自传里是否有关于爱默生对他的指责，但爱默生不再和他往来。后来，惠特曼继续发表作品，我记得每年一个新版本，补充几首诗。这很符合这本书最初的设想：即对于惠特曼来说，这些诗作如此不同，涉及多种多样的主题，但它们是一首诗歌，一部史诗，一部美国的英雄史诗。所以，诗的主人公，惠特曼，可能是三个人。一个是惠特曼本人，一个是作者想象出来的崇高的惠特曼。因为我们知道，惠特曼实际上出生在长岛，但在书中他有时出生在得克萨斯州，后来他还走遍了全国各地，这些事并未真实发生过。他还在加利福尼亚当矿工，又去了内布拉斯加州。一切都是惠特曼的想象。最后，第三个是读者，读者也参与其中，因为惠特曼与读者交谈，多次对他们说话；或是他让读者提问，然后由他回答。这种想法很少见，这和他的民主观念相契合。惠特曼还写过一节特别奇怪的诗，描绘了这样一幅画面：人们头上射出金色的光环。他说他希望诗里每个人都有光环，因为这首诗歌不是个人的，而是所有美国人的，不只是现代美国人的，还是未来的美国人的，他为他们歌唱。这表明沃尔特·惠特曼笔下的这个人物是一个集体的人物，本质上是无限的。可以这么理解，读者是这首诗的一部分，读者可能在惠特曼之后很久出现。噢，从某种方式上说，现在的我们就在惠特曼的预料之中。

费拉里：当然，不过依我看，爱默生对他评价很高。因为您说鉴于某些因素，惠特曼和爱伦·坡的声名比爱默生小很多。

博尔赫斯：嗯，当然，无法比较。我不知道，我认为不应该这么说。但他们是无法比较的。

费拉里：一时激动。

博尔赫斯：是的。不过，可以肯定的是，爱默生不太喜欢爱伦·

坡，因为他称坡为“打油诗人”[①]，空腔诗人。我猜是指坡那首著名的诗歌……

费拉里：《钟声》。

博尔赫斯：《钟声》，那句“The bells，bells，bells”（叮当，叮当，叮当）。爱默生认为这是无意义的游戏。他说“坡，噢对，一位打油诗人”，空腔诗人。这句话用英文读起来更有趣，因为“jingle”是一个有节奏的词语。

费拉里：“打油诗人”这说法讨人喜欢。

博尔赫斯：是的，“噢，坡，一位打油诗人”（笑）。当然，爱默生是一位学者型诗人，而不是满怀激情的诗人，我就是这么认为的……但谁能说激情是诗歌的必要元素呢。可能还有一类诗歌。我们想想蒲柏[②]，想想布瓦洛[③]，他们都不是很有激情，但他们都是诗人。或者，举一个更有名、更古老的例子：贺拉斯[④]。当人们想到贺拉斯，首先想到的大多是语言上的完美，而不是贺拉斯无法富有激情。因此，我不知道激情有多重要。但是必须有情绪，没有情绪无法构思一首诗，没有激情却依然可以写诗。有一种诗是自然的、充满智慧的，十分精美。这样的诗来自睿智却不够有激情的人，激情不是必需的。

费拉里：除非我们能够揣摩智慧的激情。

---

① 原文为英语“the jingle man”，“jingle”既有“叮当声”的意思，又有“打油诗”的意思。

② 亚历山大·蒲柏（1688—1744），英国诗人、讽刺作家、翻译家，代表作有《呆厮国志》。

③ 尼古拉·布瓦洛（1636—1711），法国诗人、文学评论家。

④ 昆图斯·贺拉斯·弗拉库斯（公元前65—公元前8），古罗马诗人、文学评论家、翻译家，代表作有《诗艺》。

博尔赫斯：啊，这么说确实如此，斯宾诺莎所说的智慧之爱。爱默生不缺乏这种爱。只是，爱伦·坡，我觉得他读的书不是很多，仅仅装作很博学。惠特曼，或许他读过基础的书目和宏大的史诗。当然，要理解惠特曼，少不了《圣经》中大卫的《诗篇》。但惠特曼的做法很独特，他想要让自己的诗变成对《诗篇》的回响，但比《诗篇》更丰富、更复杂。他也确实做到了。追求自由的观念促使他使用自由诗体。当然，他想成为民主诗人，所以就不能使用旧体诗。他更愿意把过去的一切看作是封建遗物。

费拉里：您是说惠特曼。

博尔赫斯：是的，不过他开创了民主诗歌。自然不是说一句"啊，民主"，再用修辞手法赞美民主。他的做法有本质区别。这是一首将所有人写作英雄的诗。对惠特曼来说，他写的是所有美国人。不过，惠特曼坚持说这本书只是一份草稿，对于未来的诗人来说，它只是一个起点。在一定程度上确实如此。不过我不知道它是否被超越过；我认为还没有。

费拉里：当然，这是一份无法超越的草稿。

博尔赫斯：是的，我认为是的，这是我对惠特曼的看法。噢，当然了，说到口头语言的运用，卡尔·桑德堡[①]做得比沃尔特·惠特曼更好。再说，惠特曼想要显示自己读过很多书。他最喜爱的诗人就是丁尼生，这位儒雅的诗人。与他不同，桑德堡坚持积极贴近本地风格。他的做法更简单，因此能更好地表现美国人的样子。

---

① 卡尔·桑德堡（1878—1967），美国诗人、传记作家，代表作有《林肯传》。

费拉里：不过，博尔赫斯，每当谈到爱默生，人们总会同时想到卡莱尔[①]。他们之间有很多联系,爱默生与卡莱尔。您一定记得格鲁萨克[②]的话。

博尔赫斯：是的，我认为很不合适。

费拉里：很不合适。

博尔赫斯：还有，卡莱尔是个不幸的人，无疑也是富有激情的人。他的世界观很可怕。但爱默生不同，他是一个阳光的人……如果你试着比较卡莱尔的《论英雄崇拜》和爱默生的《代表人物》，你会发现它们完全不同。卡莱尔只钦佩狂暴、强硬的人，以及专制者。卡莱尔写过弗朗西亚博士。总的来说，那是一篇歌功颂德的文章。他还赞美过普鲁士腓特烈[③]。他说不定也会赞美拿破仑,要不是拿破仑是法国人的话，热爱德国的他在一定程度上厌恶法国。但《法国革命史》是他最好的作品之一。

费拉里：每当我们提到卡莱尔，您都会想起他的那句话，大意是"将世界历史看作神圣的文本"。

博尔赫斯：是的，世界历史。我们可以称之为宇宙进程，对。他说世界历史是一个被我们不停阅读、不断书写的文本。神奇之处在于，我们自己也被写在其中。也许历史就像一份神圣的密文，我们是密文里的一个个符号。卡莱尔的想法可能是来自斯威登堡，即

---

① 托马斯·卡莱尔（1795—1881），美国哲学家、思想家、历史学家，代表作有《论历史上的英雄、英雄崇拜和英雄业绩》。

② 保罗·格鲁萨克（1848—1929），阿根廷作家、历史学家、文学评论家，曾任阿根廷国家图书馆馆长。

③ 腓特烈二世（1712—1786），霍亨索伦王朝的第三位普鲁士国王。

整个世界就像一份密文。一切事物都有一定的含义。当然，这个想法一定是来自《圣经》，不是吗？噢，但丁认为《圣经》有四层含义。中世纪的人们就是这么想的，并且他们认为《神曲》可能也存在四种含义。

费拉里：是的。现在，如果您觉得合适，我希望能读一读您写给爱默生的诗，来更好地阐明您一直以来对他的崇敬，可以吗？

博尔赫斯：我只能说我认为这首诗配不上爱默生。我知道埃塞基耶尔·马丁内斯·埃斯特拉达写过一首更好的诗。不过，我们来读一读我的那首诗。

费拉里：我们来读一读您的诗："那位颀长的美国绅士 / 合上手中的蒙田作品，/ 去寻找另一种相似的乐趣：/ 欣赏平原辉煌的暮色。/ 他在田野上信步走去，/ 朝着缓缓倾斜的西方远处，/ 朝着夕阳染红的天际，/ 正如写这些诗行的人的记忆……"①

博尔赫斯：这一段还可以。

费拉里：很不错。

博尔赫斯：尽管是我写的。

费拉里：最后一句诗说的是他个人的回忆吧。

博尔赫斯：是的。

费拉里："他想道：我博览了重要的书籍，/ 也写了一些书，不会被遗忘抹去，/ 承蒙一位神的不弃，/ 让我知道了世人能知道的一切。/ 我的名声传遍了大陆；/ 但我没有生活。我想成为另一个人。"

---

① 译文选自《爱默生》（收录于《另一个，同一个》），王永年译。下同。

博尔赫斯：他写过一首诗，《日子》，诗里谈论的也是这个主题。诗里写的是日子一天天过去，但他没有珍惜，因为他拒绝享受生活，他只会享受知识，正如您说过的。最后，他为自己的做法感到惋惜。

费拉里：但是……

博尔赫斯：不过，他身上保留着一丝平静的幸福感。

费拉里：是的，如您所言，本能的幸福感。

博尔赫斯：嗯，我相信是这样的。此外，一个如此有智慧的人，一个从不停止思考的人，怎么会不幸福呢。愚蠢的人是不幸的。有的人会不断思索，每当他开始回忆，他都在更新过去，更新自己的想法。这类智力活动应当成为幸福的一种形式。无疑，爱默生就是这样做的。

斯多葛主义[①]

奥斯瓦尔多·费拉里：博尔赫斯，一直以来，我认为您朴素的生活方式不同于神秘主义的禁欲思想，而是对应哲学范畴的斯多葛主义。

豪尔赫·路易斯·博尔赫斯：是的，当然。再说，奢华对我来说是可怕的东西；比如，曼努埃尔·穆希卡·莱内斯[②]想法就和我不一样。我不知道，或许……嗯，或许因为我那卫斯理宗[③]的家庭传统。事实上，我觉得奢华是缺乏教养的表现，不是吗？我认为那是粗俗的。

费拉里：几乎是浪费时间。

博尔赫斯：很多人不这么想，没有这种体会。但我的确这么认为。嗯，在语言方面我也持有类似的观点：最好少用浮华的词，避免繁复的描写。

---

① 古希腊哲学学派之一，强调无视物质享受与外部财富，坚持理性与美德的原则。

② 曼努埃尔·穆希卡·莱内斯（1910—1984），阿根廷作家、记者，代表作有《博马尔佐》《迷宫》。

③ 基督教新教宗派之一，提倡节欲。

费拉里：是的。就是说，无论如何巴洛克都不会是您的风格。

博尔赫斯：嗯，不是的。曾经很长一段时间里，我用过巴洛克风格，不过现在不这么写了。由于这段经历，有一首诗，或许我还能背出几句。这首诗，有人认为它可能是卡斯蒂利亚语中最好的诗。作者是塞维利亚的一个无名诗人。这是一首书信体诗，现在人们认为它是费尔南德斯·德安德拉达[①]写的。不过，它最好来自一个匿名诗人，可能这是创作者希望达到的效果。这首诗是这样的……我记得阿方索·雷耶斯引用过，说它拥有“极致的优雅”。让我们省略“极致的”一词吧，这也算是溢美之词，不是吗？（笑）“我拥有平庸的一生 / 过得简单又朴素 / 旁观者无一人在意。”

只是我不知道自己是否称得上是斯多葛派，或者我们说，比较简朴的那类人。我认为还算不上，因为我在图书这个我真正感兴趣的事项上花费甚多。听起来有些荒唐，毕竟我没办法阅读它们。这是无价值的购置。叔本华说过，购买图书时，一个人还得购买阅读这些书的时间。但他混淆了拥有一本书和拥有这本书的内容之间的区别。随着时间的推移一个人的记忆会慢慢模糊，不确定自己是否读过某本书，特别是小说。说回刚刚的话题，比如说，我习惯时不时去文学院，人们把那里叫作埃拉苏里斯宫。我认为“宫”字特别俗气。但这个字在意大利就不俗气了，那儿有很多宫殿，大多清雅、简约；可这里的宫殿意味着奢华富丽。不过，说到穆希卡·莱内斯，我认为他意识到了这种俗气，但同时他又感到有趣。同样，他

---

① 安德烈斯·费尔南德斯·德安德拉达（1575—1648），西班牙“黄金世纪”诗人。文中提到的诗歌为《致法比奥之道德书简》。

也知道收集各式领带和戒指有些外国阔佬的意思，不是吗？但他依旧沉浸其中。我喜欢手杖，但我想我最多只有五六根。穆希卡·莱内斯得有六七十根。还有一个人也有很多手杖，每天不同时段，用不同手杖搭配不同的穿着，他就是亨利·詹姆斯①。威尔斯说过，比如，早上他用一根这样的手杖，搭配一套这样的衣服，去做“morning call”，晨访。到下午他就换一身，我不知道，或许斜阳映着光辉的时候，他会选一套同样光彩四溢的服装吧。我曾经是阿根廷英国文化协会的教授。当时我认为，最好说是我感觉，作家没有必要关注穿着。因此阿根廷英国文化协会的学生为我感到遗憾，因为我看起来好像只有一件外套、一条裤子、一双鞋、一条领带和两件衬衫。这是他们计算出来的，我都不知道我竟简朴到这种程度（笑）。而事实是，我大概会在某件衣物穿不了之后才买新的。或许在那个年代人们更简朴。不知道我是否和您说过，有一阵子人们讨论过一件事，这事一开始传闻是真的，后来又被否认了，就是有人看到卡洛斯·阿尔韦托·埃罗②和爱德华多·马列阿站在橱窗前挑选、购买外套。这个举动看起来很奇怪，特别是对作家来说。不过，现在不同了，我感觉所有人都会谈论衣着……有何不可呢。奥斯卡·王尔德③说时尚界的改革比伦理上的革新更为重要，不是吗？总之，这是王尔德众多改革事项之一。

---

① 亨利·詹姆斯（1843—1916），英籍美裔小说家、文学批评家，代表作有《一位女士的画像》《螺丝在拧紧》。

② 卡洛斯·阿尔韦托·埃罗（1903—1968），乌拉圭作家。

③ 奥斯卡·王尔德（1854—1900），爱尔兰诗人、剧作家，代表作有《道林·格雷的画像》。

费拉里：他还说，人生第一步最重要的就是学会打好领结。您说过，我记得您提到卢贡内斯，说作为一名诗人，卢贡内斯总是有点浪荡之风。

博尔赫斯：卢贡内斯吗？

费拉里：我想是对他自杀前最后一刻的猜想。

博尔赫斯：不是的，我指的是弗朗西斯科·洛佩斯·梅里诺[①]。

费拉里：噢，是洛佩斯·梅里诺。

博尔赫斯：对，并非卢贡内斯。他是在镜子前自杀的。

费拉里：卢贡内斯还是洛佩斯·梅里诺？

博尔赫斯：洛佩斯·梅里诺，在拉普拉塔赛马俱乐部的地下室。但卢贡内斯不是。在我印象里，卢贡内斯穿戴得体，对吗？得体，又不拙朴粗糙。我们也许可以看看浪荡子诗人的模范，即佩特罗尼乌斯[②]，这位"Arbiter Elegantiarum"（风雅裁判官）。王尔德提到过他，他说此人能够品评长袍的某处细节，使用手杖时该用哪种举止步态。

费拉里：那么，在王尔德的时代，或者王尔德以后，我们看到爱伦·坡或波德莱尔[③]也很看重浪荡之风。

博尔赫斯：说到爱伦·坡，我不太了解。

费拉里：波德莱尔说，爱伦·坡是一位浪荡子，不仅衣着如此，性格也一样。

博尔赫斯：波德莱尔有一句话，听起来有些"uncanny"，意思是，

---

① 弗朗西斯科·洛佩斯·梅里诺（1904—1928），阿根廷诗人。

② 佩特罗尼乌斯，公元一世纪古罗马作家、政治家。

③ 夏尔·波德莱尔（1821—1867），法国诗人、散文家，代表作有《恶之花》。

他的这句话有些骇人。我不知道他是否也这么认为，他更可能认为人应当有意识地面对生命中的一切。波德莱尔说“Vivre et mourir devant un miroir”，在一面镜子前活着和死去。这有些令人害怕，不是吗？这句话的意思是，镜子会持续地、透彻地、无声地审视人们。

费拉里：的确，不过，博尔赫斯，我发现您的习惯和斯多葛派还有其他相似的地方。比如，您认为人应该选择自己的方式度过此生，不应该过于担心他人的人生。

博尔赫斯：噢，这是孔子说的，但他一定不是斯多葛派。他说我们应当敬重超自然的生灵，不过，更重要的是与它们保持适当的距离，我想他没有恶意（两人都笑了）。这并不是说他不相信鬼神；他认为……或者像神道教所关注的“one life at the time”，现世的人生。这是说，此生我们应当正直行事，无须忧惧来世。几天前，有人和我说到美国某个红皮肤的部落的怪闻。我不记得是哪个部落了，它不像科曼切人、苏人、莫希干人[①]那么出名。好像是说在那个部落，每天早晨，一家人都会互相讲述各自的梦境，父母会教导子女在梦中该如何表现。这里有两种解读方式：第一种听起来不怎么有趣，就是如果一个人在梦中表现不错，在醒着的时候也会表现很好；第二种听起来就美多了，就是梦里的世界并不比清醒的世界虚幻，或者说清醒也是梦的一种形式。不过，可能在某些原始社会中，人们认为一个人进入梦乡就是在旅行，因此，睡梦中的他身处遥远的地方，遇见一些他以后再也见不到的生灵，因为那里实在太远了。

① 均为北美印第安人部落。

费拉里：这个想法也很美。

博尔赫斯：多美好的想法，确实。不过，也许我们有两种解释：第一种，一个正直的人在睡梦中依然是正直的；第二种解释更美好，那就是醒着和做梦没有分别。

费拉里：人生一梦，就对了。

博尔赫斯：人生一梦，是的。理想主义者康德说，二者的区别在于我们在梦中做的事情没有因果报应，但叔本华反对这种说法。康德的意思是梦中的行为不会产生任何影响。反之，生活中的行为会产生影响。他的意思是，如果您在梦中杀了一个人，第二天那人不会死去；如果梦里有人闯进您家，第二天您会发现根本没有人来过。

费拉里：当然。

博尔赫斯：但是真正的区别不在这里，因为随着时间流逝，我们无法确定我们的行为会结出什么样的果实。在无穷的时间里，我们的生活只是一个瞬间，和我们梦里的一切同样短暂；清醒也只是一个瞬间，如同我们的梦境。所以我不知道二者有什么区别。

费拉里：可能有待进一步考察。回到之前的话题，博尔赫斯，每一个斯多葛主义者都对伦理问题特别关心，特别是马可·奥勒留[①]，他对他的伦理怀有近乎崇高的忧虑。

博尔赫斯：马可·奥勒留有一句话写得很好，在《沉思录》里，他做出了一种解释，噢，一种幽默的解释，和他本人的思想完全不同，即“就算住在宫殿也能幸福地生活”。不过，这句话不是说可以舒适

---

① 马可·奥勒留（121—180），古罗马政治家、军事家、哲学家，曾为罗马帝国皇帝，于 161 年至 180 年在位。

地在宫殿里生活，而是可以正直地在宫殿里生活。比起在居民楼里，正直地生活在宫殿中可能更加困难，因为宫殿里诱惑更多，不是吗？

费拉里：这句话由他说出来，让人十分诧异，对不对？

博尔赫斯：是的，当然，毕竟他就生活在宫殿里。

费拉里：他就是一个皇帝。

博尔赫斯：一个皇帝。宫殿就是他的寓所。

费拉里：值得一提的是，比方说，西蒙娜·韦伊[①]，一直以来她都强调希腊文化比罗马文化更优秀，不过马可·奥勒留是个例外。

博尔赫斯：噢，当然，罗马文化是有点粗俗。比如罗马竞技场，那样笨重。还有，各位罗马皇帝过着不可思议的生活，对吗？不过希腊的衰微可能正是从马其顿王国的亚历山大开始。希腊文化受到亚洲思想和东方思想影响，希腊人同样有了建立帝国的想法。

费拉里：是的，那么我们刚提到的那本书，马可·奥勒留的《沉思录》，书里谈到灵魂的铸造，一个抵御不幸、对抗诱惑、有能力履行职责的灵魂。正是斯多葛派的人生观。

博尔赫斯：如果要在我们国家找到一个斯多葛派的诗人，那人应该就是阿尔玛富埃尔特。他是唯一一个关心伦理问题的诗人。

费拉里：嗯，没错。

博尔赫斯：他的思想也是斯多葛主义的。而对于卢贡内斯，形式是他最为在意的。这表现在他使用巴洛克的文风，却没有巴洛克的情怀。卢贡内斯是个有基本原则的人，我想。在他那里，风格的

---

① 西蒙娜·韦伊（1909—1943），法国政治家、哲学家。

复杂性和内容本质的简约性是两回事。

费拉里：往好的方面说，阿根廷精神与斯多葛精神在一定程度上是相似的。

博尔赫斯：但愿如此，当然。在这过于漫长的一生中，我发现智慧、善意或公正，是一个人能够立马察觉的存在。人们并不借助语言或行动考量他人，不论他人如何说、如何做。人们可能会觉得某个人很有智慧，尽管他的谈吐相当平庸；有的人也许能够口吐珠玑，但人们可能还是会觉得他实际上一无所知。

费拉里：您说的这些很关键。

博尔赫斯：嗯。而且，我想已经和您谈过好多次，思想的传授不是一件奇异的事情，它是值得讨论的，它时刻都在发生。要我说，哪怕一个人读书的时候也会有思想的传授。也许他完全不赞同书中的内容，也许他对故事毫无兴趣；也许他会觉得这本书情节笨拙，但他挺喜欢这个作者，不过他也有可能很不喜欢这个作者。

费拉里：他捕捉到了语言之外的东西。

博尔赫斯：我想是的。恰好昨天我给阿提里奥·莫米利亚诺[①]的文章写序。莫米利亚诺在文中谈论了《疯狂的罗兰》，他说阿里奥斯托[②]让人感到亲近，而不是恭敬之情。而当他写下这句话时，他想到了但丁。但丁令人尊敬，可不会让人们产生亲近感。有一个证明的办法：如果真的发生了奇迹，让我们有机会同但丁交谈，我们应该会心生畏惧。反之，要是能和阿里奥斯托交谈，应该很美好，

① 阿提里奥·莫米利亚诺（1883—1952），意大利文学评论家。

② 卢多维科·阿里奥斯托（1474—1533），意大利诗人，代表作有《疯狂的罗兰》。

有何不可呢？让我们再大胆一点，想想同奥斯卡·王尔德交谈。

费拉里：那将会十分精彩，真的。

博尔赫斯：反之，与但丁的对话会是什么样呢？有可能他会发出一段撩人心魂的哀怨，也有可能整个过程会像……教义问答。

费拉里：面对他，敬重多于亲近，可以这么说。

博尔赫斯：是的，我想是这样的。

费拉里：博尔赫斯，我发现斯多葛学派对悲观主义和怀疑论的看法与您的观点有很多相似之处。比如下面这个问题：上帝是否公正，您是怎么看的呢？

博尔赫斯：有时候上帝对我格外慷慨，但有时候我认为他是不公平的。我曾经如此痴迷读书，不知为何，1955 年以后我就再也无法看书了。我相信他并不公平。

费拉里：嗯，从您的《关于天赐的诗》中可以看出。

博尔赫斯：大家都对我说，我不需要“看见”，因为我是朝内看的，不过这些话只是文字游戏。这里的“看”是另一层含义，因为实际上盲人是看不见的。凭直觉感受或认识事物，是不会像直接看到物质世界那样拥有持续愉悦的。

费拉里：此外，您最近的一首诗《关于他的失明》写道“有时候我真想看清人的容貌”①。

博尔赫斯：是的，只是这句诗我可能写得不够诚恳。

① 译文选自《关于他的失明》（收录于《密谋》），林之木译。

耶稣基督

奥斯瓦尔多·费拉里：博尔赫斯，之前我们也曾谈到天主教和新教，虽然每次都是无意间提到的。不过，对于基督这个天主教和新教起源传说中的形象，我们从未交流过看法。

豪尔赫·路易斯·博尔赫斯：对此勒南[①]说得比我好。我想，如果基督不是上帝化身成的人，那他就应该是载入史册的英杰，但这似乎很难想象。不过，不知道是否有人注意到，基督还创造了一种文学风格。您可以读读弥尔顿的《失乐园》《复乐园》。正如蒲柏所说，在弥尔顿的书里，圣父和圣子就像经院学者那般争论，然而基督的表达特别巧妙。让我们想想，几个世纪以来，作家们遍寻各式各样的比喻。如果举一些离我们这个时代近一些的作家，我们会想到卢贡内斯、贡戈拉[②]，当然还有其他作家。但没有人找到像基督说出的那般精妙的比喻，这些比喻，时隔两千年，依旧令人称奇。比

① 欧内斯特·勒南（1823—1892），法国哲学家、历史学家、宗教学家。

② 路易斯·德贡戈拉（1561—1627），西班牙“黄金世纪”诗人。

如“把珍珠丢在猪前”[1]，怎样才能写下这样一句话啊。大部分句子，我们都会认为，噢，它们是其他比喻的变体。但是“把珍珠丢在猪前”这是一个精妙无双的比喻，没有办法归类，它不是逻辑可以解释的。或者，还有呢，比如有些殡仪馆在教会的支持下，热衷于办理奢华的丧事。为了谴责这一行为，就有了这句“任凭死人埋葬他们的死人”[2]，此话令人闻之生畏，并且向我们展示了一种美妙的表达方式。还有，“你们中间谁是没有罪的，谁就可以先拿石头打她”[3]。

费拉里：这些话永远有效。

博尔赫斯：那么，这就证实了英国神秘主义者威廉·布莱克的话。在他之前，人们始终认为救赎是一个伦理过程，基督将它强化了，我们可以说是用一种鼓动性的方式。基督说“虚心的人有福了，因为天国是他们的”[4]，这意味着基督总是关注人的行为。但是，后来出现了瑞士神秘主义者斯威登堡，他说救赎也应该表现在智识上，于是就编写了那个美妙的寓言，讲述一个人想要进入天堂的故事。为此，那个人舍弃一切，生活在孤独里，属于他一个人的孤独。他拒绝一切感官上、智识上和美学上的愉悦，恪守美德，自我牺牲。他确实来到了天堂，因为没有理由将他拒之门外。但是，当他来到天堂，他发现这是一个比现实世界更加复杂的地方。据斯威登堡说，天堂比人世间拥有更丰富的形态和色彩，当然，还有更多智慧。那

---

① 引自《圣经·马太福音》（和合本）第七章第六节。
② 引自《圣经·路加福音》（和合本）第九章第六十节。
③ 引自《圣经·约翰福音》（和合本）第八章第七节。
④ 引自《圣经·马太福音》（和合本）第五章第三节。

个可怜的人不过是一个圣徒，却不得不参与天使的对话，与天使谈论神学。这是斯威登堡在《天堂与地狱》中提到的。那个人理解不了，因他的智慧未开，他感到自己一定程度上被排除在天堂之外。于是，执掌神权者，我们姑且这么称呼吧，意识到这个问题，商量道："我们该拿他怎么办呢？他在天堂里迷失方向，因为他没办法参与天使的对话；但若是送他入地狱，让他和魔鬼一起过活，显然有失公允。"因此，他们想出了这个令人悲伤的办法：允许他在另一个世界里投射他孤独的影像。就这样，如他所需，他独自一人望着那片想象中的沙漠，继续苦行和祷告。只是他不再充满希望，因为他明白了，天堂不可盼。

费拉里：唉，可是，多奇怪啊。

博尔赫斯：可怕的命运。嗯，那么后来有了布莱克。布莱克说人的救赎不只表现在伦理上，如基督所传授的那样；也不只表现在智识上，如斯威登堡论述的那样。斯威登堡直率地说"The fool shall not enter heaven be he ever so holy"（呆傻之徒，无论多么圣洁也无法进入天堂；或者，愚人将不会进入天堂）。《天堂与地狱的婚姻》里还有一句话，"Put off holyness and put on intellect"（褪去神性，拾起智性），就是说摆脱神性，变得有智慧（两人都笑了）。但是，据布莱克所说，基督还会传授美学，特别是在文学方面。基督说过的寓言都是文学作品，它们还未曾被人模仿。几天前，我有了一个想法，我打算和您谈一谈，也许您能将它付诸实践，我肯定是做不到了。这应该是一个作家所能想到的最宏伟的事业，作家往往都是野心勃勃的。这件事比贡戈拉精心撰写的幽暗文字或乔伊斯的《芬尼根的守灵夜》里无法解释的迷宫更宏大。那就是撰写第五部福音书。第五部福音书应当传授其他福音书里没有讲过的伦理。但是最难的地方在于创造新的寓言，用基督的表达方式讲述这些寓言，而这些寓言是其他四部福音书里没有的。

费拉里：以某种方式续写……

博尔赫斯：不过，也许，最好不要与其他的文本相似，只沿用另外四部福音书的比喻，甚至可以做一点小小的变体。如果有作家能做到，他将写出比尼采的《查拉斯图拉如是说》更优秀的作品。因为它将成为一件艺术品，这些大胆的比喻丝毫不比基督在加利利[①]传道时用的比喻逊色。为了写出这样一本书，它的作者将付出一生中的大部分时间，陷入冥思。这部福音书大概会有三十多页。它会是最优秀的作品之一。若这本书足够幸运，它还将与《新约》的福音书一同印制，成为经典之一。不过，这是一项富有野心的计划，费拉里，您或许能将它付诸实践；至于我，显然我已经年老，身心疲惫，但我隐约窥见这个文学上美好的可能，它比发明新的比喻更好，因为那些新的比喻只是寓言和教诲，它们不如《新约》里永恒著名的比喻那样有价值。

费拉里：您和克尔凯郭尔[②]观点一致。他说信仰基督教如同变成基督的同辈人。

博尔赫斯：嗯，它的标题会像耿稗思[③]的《师主篇》。

---

① 据《圣经》，耶稣到加利利后开始传道。

② 索伦·克尔凯郭尔（1813—1855），丹麦神学家、哲学家、诗人。

③ 耿稗思（1380—1471），中世纪天主教修士，著有《师主篇》。

费拉里：噢，当然。

博尔赫斯：是的，应该会很像。但这将是一项美好的计划，或许就在我们畅谈的时候，世界上已经有人在写这样一本书了。

费拉里：有可能。

博尔赫斯：因为一个人要想到新点子是很难的，且无论如何，这都是不可能的。因为我能想到的，其他人已经想到了，特别是那些我阅读过的作家们已经想到了。但是，这个事情不一样，全新的、第五部福音书将是一项美好的计划。这部作品不应该脱离其他四部福音书，有的部分应当和前四部照应，而有的部分则应当有所区别，以追求最愉悦的感受，带来更多惊喜，更具真实性。不过，奇怪的是，基督教的信仰反对自杀。但是，如果福音书有意义，死亡应该是基督自愿的。如果不是自愿，何来牺牲呢？

费拉里：苏格拉底之死也是如此。

博尔赫斯：是的，不过，我认为苏格拉底不会说他是为人类而死，但是基督会。如果基督会死，那他也会死得自由。有一首九世纪的盎格鲁－撒克逊诗歌，题为《十字架之梦》。在这场十字架之梦中，基督不再是格列柯[①]画作里的痛苦模样，而是一位年轻的日耳曼英雄，自愿走向十字架。他登上十字架，想要拯救所有人。谈到他时，人们会说："那位年轻的英雄，他是全知全能的上帝。"这是一种享受的、自愿的牺牲，而不是一股煎熬的激情，就像格列柯画作上那位痛苦的基督一样。他不是那样的，那个年经的英雄让自己被钉在

① 格列柯（1541—1614），西班牙画家、雕塑家，代表作有《脱掉基督的外衣》。

十字架上，或者自己登上了十字架。我在一篇文章里读到了《十字架之梦》这首诗，还配有几幅中世纪的插图，画中十字架耸直、挺立，基督顺着阶梯拾级而上，表明了他是出于自愿。也就是说，完全相反，不同于髑髅地[①]，没有鞭笞……

费拉里：所以我说基督登上十字架和苏格拉底服下毒芹有相似之处。

博尔赫斯：的确，不错。

费拉里：在于他们接受的态度。

博尔赫斯：还有，当然，好像这是历史上最著名的两桩死亡事件，对吗？

费拉里：可能是，当然。不过……

博尔赫斯：被人广泛谈论的苏格拉底之死，和基督之死。基督面对自己的命运似乎有些诧异，因为他身上凡人的那一部分说道："我的神，我的神，为什么离弃我？"[②] 但是后来他又对强盗说："今夜你要同我在乐园里了。"[③] 强盗接受了。关于这个我写过一首诗。哦，许多人都写过这个题材的诗歌，基督身侧，同样在十字架上的强盗，承认了基督就是上帝。

费拉里：关于巴拉巴与基督。

博尔赫斯：是的。

---

① 据《圣经》，耶稣在髑髅地被钉上十字架。

② 引自《圣经·马可福音》（和合本）第十五章第三十四节。

③ 引自《圣经·路加福音》（和合本）第二十三章第四十三节，原文为"今日你要同我在乐园里了"，此处疑为口误。

费拉里：不过，博尔赫斯，我一直认为对您而言，典型和模范的人应当是正直的。

博尔赫斯：我正努力变得正直。不过，当然了，我像斯宾诺莎，我不求任何报酬，不怕任何惩罚。

费拉里：当然，但正直的典范恰恰就是道德的典范。

博尔赫斯：是的，当然，我从小听着福音书长大……我想那是世界上最美妙的书，对不对？四福音书。最后一部稍有不同，它具有智识性，不是吗？比如，提及了"道"。

费拉里：不过，基督的伦理观和苏格拉底的伦理观……基督谈的是宗教方面的伦理，苏格拉底谈的是世俗的伦理。但是，我认为他们在本质上是相通的，都阐述了什么是正直的人。

博尔赫斯：是的，但他们看待世界的观点不同。嗯，这是很自然的。当然，因为我猜想基督是犹太人……也许他一无所知；而苏格拉底则生活在希腊浓厚的智识氛围中，也许他与基督完全不同。我的意思是，苏格拉底可以和毕达哥拉斯、芝诺、柏拉图对话，不过这是萧伯纳说的，是他编造的。与之不同，基督只和信徒们交谈。而尼采说，基督教信仰是奴隶的信仰。吉本[①]用更间接，或许也是更有效的方式说过类似的话，他说："让我们觉得奇妙的是，上帝本可以向哲学家们启示真理，但得到启示的却是加利利无知的渔夫。"意思一样，不是吗？传达相同的观点，只是以更谦和、更刁滑的方式。

① 爱德华·吉本（1737—1794），英国历史学家、作家，代表作有《罗马帝国衰亡史》。

费拉里：“圣灵随着意思吹。”[①]

博尔赫斯：是的，随着意思吹的是圣灵。这里吹拂的是……那些可怜人。

费拉里：不过，我们将基督当作历史人物那样谈论，这样似乎有种不真实感，但对象是您，可能会好一些。

博尔赫斯：我想，毫无疑问，确实如此。否则，我们就得想象这里有四位剧作家，四位远胜世界上所有剧作家和诗人的剧作家，是他们创造了基督这个形象。然而，萧伯纳确实这么想。关于使徒统绪[②]，萧伯纳说，希腊悲剧作家创造了希腊神话，然后福音书传教者创造了基督，在这之前柏拉图创造了苏格拉底这个形象。还有，据萧伯纳所说，鲍斯威尔创造了约翰逊[③]，而他和易卜生继承了戏剧的使徒统绪，创造了戏剧人物。不过，这是萧伯纳开的一个玩笑。

费拉里：世界如剧院。

博尔赫斯：世界如剧院，剧作家如……

费拉里：如造物主。

博尔赫斯：如造物主，或者世界历史的供应者。

费拉里：还有一位人物，有时候我们很难从历史角度看待他，就如看待基督那样，他就是柏拉图。我认为我们对他的想象多于对他的再现。

---

① 引自《圣经·约翰福音》第三章第八节，中文和合本为“风随着意思吹”，此处费拉里·奥斯瓦尔多采用了西班牙语版《圣经》的一种译法。

② 基督教教义，指主教与使徒有直接且不断的联系。

③ 詹姆斯·鲍斯威尔（1740—1795），英国传记作家，曾为塞缪尔·约翰逊（1709—1784）作传。

博尔赫斯：那是因为自柏拉图衍化出了许多人物，包括苏格拉底。似乎柏拉图自己被他的传人模糊化了。我再举一个更小的例子，一个人会先想到狄更斯，还是狄更斯笔下的人物呢？我记得乌纳穆诺[①]说过，塞万提斯远不如阿隆索·吉哈诺和堂吉诃德[②]生动。他指的是，创作者被其作品模糊化了。而说到世界，或许比起《创世记》第一章中的上帝，他所创造的世界给我们留下的印象更生动，不是吗？

费拉里：当然，不过，或许还可以这么想，人们受到自身所处的精神或魔幻氛围的影响，选择信仰某门宗教，相信某种神话。比如，在柏拉图生活的时代，希腊人能够接受他的观点，因为在希腊人的生活中，诗歌是他们所处的现实的一种形式。

博尔赫斯：您认为这一点现在很难做到，是吗？

费拉里：同样，还有一种猜想。嗯，这个猜想不是我提出的，而是穆雷纳。他说与基督同时代的人们只要睁开眼睛看看周围的现实，就能见到他、认出他。就是说，一切取决于那个历史时期是否具有一定的氛围，能让人们感知这些事物。

博尔赫斯：您说的是能让人相信的氛围，或者这么说更好，能让人感知的氛围。

费拉里：当然，或许是一种精神的氛围。

博尔赫斯：是的，我的印象是，今天我们所有人都活着，但仿佛什么都看不到，仿佛有……我也说不好。就是感官已经肿胀，不是吗？我有这样的印象，你觉得呢？

---

① 米格尔·德乌纳穆诺（1864—1936），西班牙“九八一代”作家，代表作有《迷雾》。
② 阿隆索·吉哈诺为堂吉诃德的原名。

费拉里：不管怎么说，精神的感官已经肿胀了。

博尔赫斯：是的，不再能感知事物。人们依靠听觉活着，尤其乐于重复各种程式，却不试着展开想象，也没有从中得出任何结论。人们似乎就这样活着，被动接收肤浅的内容。仿佛几乎没有人在思考了，仿佛人们渐渐丧失了理性这一习惯。

费拉里：是的，尤其是精神的智慧。人们最多运用逻辑，但是只此而已。并且，这就算好的了。

博尔赫斯：是的，这就算好的了，因为似乎这也很困难，即使人们拥有理性。

费拉里：无论是天主教徒还是新教徒，信徒还是不信教的人，我想，博尔赫斯，基督的形象始终是有教益的，有效力的。

博尔赫斯：是的，无法取代的。尼采试图用查拉斯图拉取代基督，结果失败了。嗯，这个举世闻名的计划最终失败了，这是当然。

费拉里：“反基督”的计划。

博尔赫斯：是的，包括与基督相关的一切。嗯，查拉斯图拉或许最具雄心的计划之一了。它当然会失败，因为没有人会想到查拉斯图拉，也不会想到他那微笑的雄狮、他的鹰、他的洞穴。这一切显然是一场玩笑。或许不该说是玩笑，但肯定是对文学的衷情，只是特别笨拙，不是吗？

费拉里：是的，就是说，那位说“上帝已死”的尼采并没有成功取而代之。

博尔赫斯：是的，他似乎失败了。我们听到那个声音说圣饼已死。但基督应该还没有被取代。

为友谊辩白

奥斯瓦尔多·费拉里：博尔赫斯，据我所知，在这个国家没有人会像您一直以来所做的那样，为友谊辩白。

豪尔赫·路易斯·博尔赫斯：我不确定，不过有可能是这样。我对您说过，当我读到马列阿一本书的题目，《阿根廷激情故事》，我就想到：这种激情只可能是指友情，因为这里不存在另一种激情了。然而这种激情并不是友情。之后，我们肯定不止一次谈到了我们短暂的文学史上关于友谊的话题。不知道是否有人注意到，埃斯塔尼斯劳·德尔坎波[①]的《浮士德》真正的主题是什么。它并不是对那部诗剧的戏仿，它真正的主题是两个伙伴间的友谊，不是吗？

费拉里：噢，关于这部《浮士德》，您对我们说书中有"一种愉悦的友谊之情"。

① 埃斯塔尼斯劳·德尔坎波（1834—1880），阿根廷军事家、政治家、作家，代表作有《浮士德：高乔人"公鸡"阿纳斯塔西奥在戏剧表演中的印象》。

博尔赫斯：啊，我想是的。还有，《堂塞贡多·松布拉》也是如此。也许《马丁·菲耶罗》的核心主题是一个警察和一个逃兵之间古怪的友谊，克鲁斯和菲耶罗，不是吗？

费拉里：我想到了您一定会这么解读。

博尔赫斯：是的，另外还有一本我还没读过的书，爱德华多·古铁雷斯[①]的《至死的友谊》。嗯，跟他的《黑蚂蚁》和《巴里恩托斯兄弟》相比，这本书的标题还算自然。这几本书都是关于友谊的。

费拉里：在文学中，我们还能读到堂塞贡多和法维奥的友谊。

博尔赫斯：的确。他是叫法维奥？噢，法维奥·卡塞雷斯。

费拉里：正是。

博尔赫斯：嗯，有些事，一个人竟会不清楚自己已知，真奇怪。

费拉里：一个人不清楚自己知道。不过您赋予了那份友谊卓越不凡的先例。

博尔赫斯：是的，我想到了《哈克贝利·费恩历险记》和《吉姆》。

费拉里：马克·吐温和吉卜林。

博尔赫斯：是的，不过我不知道吉拉尔德斯是否读过马克·吐温，可能没有。但他肯定读过吉卜林，因为别人向我介绍吉拉尔德斯的时候，他对我说："听别人说您懂英语。"在那个年代，懂英语这事，怎么说，比现在少见多了。我对他说是的，他回答说："多么幸运啊，您可以读吉卜林的原作。"就是这样，他向我谈起过吉卜林。他应

---

① 爱德华多·古铁雷斯（1851—1889），阿根廷作家，擅长描写风俗文化和高乔历史。

该是读过某个法文版本，肯定是这样。

费拉里：我猜想，吉拉尔德斯在生活中也会对友谊表现出某种崇敬之情。

博尔赫斯：噢是的，当然。我肯定和您谈到过，那一次，里卡多和阿德利娜·德尔卡里尔来家里用午餐，在漫长的饭桌交谈后，他起身离开了。我母亲叫住了他们，因为他忘了拿吉他，没有把吉他带走。他对我母亲说他有意把吉他留下，因为他即将前往欧洲，希望在我家留一点他的东西。于是他把吉他留下了。很多来我家的人都弹过里卡多·吉拉尔德斯的吉他。

费拉里：他这个行为干得漂亮。

博尔赫斯：很漂亮的行为，是的。我还记得，当他写《堂塞贡多·松布拉》时，我们去他家看他，他家在国会广场附近。那个公寓相当奇怪，因为家具都是嵌入墙里的。我记得只要按动某个按钮，就会降下一把扶手椅或是一张床。那是在索利斯街。我记得是索利斯街和阿尔西纳街那一带，但我不是很肯定。我不知道现在房子还在不在了。那套房子是他们临去欧洲前租下的。家里布置得特别简单，我想那是他唯一一次住在城南。嗯，简陋的城南，可以这么说，因为他家离国会广场只有两个街区。当时他正在写那部卓越的作品，写那座庄园里发生的故事，那是他最重要的作品，小说《堂塞贡多·松布拉》。不过由于生性懒散，他马上放下小说来与我们聊天，要不就弹弹吉他。后来阿德利娜请我们回去，因为任何事情都能成为他暂停写作的好借口，不是吗？

费拉里：他的妻子帮助他集中注意力，让他写出这本书。

博尔赫斯：对，正是。当然，假如我是内斯托尔·伊瓦拉[①]，我就会说她有细腻的文学感受力，她想阻止他写出《堂塞贡多·松布拉》，不是吗（笑）。不过我没有这么想，因为只有伊瓦拉才会这么想，正如我设想的是他，而不是我。要是里卡多没有写出那本书就太可惜了。

费拉里：确实。说到阿根廷人之间的友谊的价值，您说那是一种美德，也许也是我们唯一的美德。

博尔赫斯：是的，不过是一种危险的美德，因为它很容易将我们引向考迪罗主义之路。不过考迪罗主义也算是友谊的一种形式，不是吗？

费拉里：被迫的友谊？

博尔赫斯：是的，人们并不忠实于伦理，或者某些思想，而是忠实于某一个人，某位朋友。因此我们可以这么说，那份美好的激情被滥用了。

费拉里：我理解。

博尔赫斯：所以才会有历史上发生的那些事，对的。而这也在一定程度上解释了南美国家历史上的不良习气，独裁统治就是其中之一，显然那些人得到了朋党的支持，或许还有利益相关不那么密切的朋友的支持。

费拉里：这里就不应当称之为友谊了，而是“朋党之谊”。

博尔赫斯：可以这么说，对。

费拉里：有危害性的“朋党之谊”。

博尔赫斯：是的，可以说是“朋党之谊”，正如您所说，嗯，一

① 内斯托尔·伊瓦拉（1938—2005），阿根廷电台及电视节目主持人。

个不错的新词，将二者区分开来。

费拉里：不过，博尔赫斯，您是否这么想过，我们在地理和历史上被孤立的状态有助于我们培养友谊之情？

博尔赫斯：是的。还有这样一个事实，很大一部分阿根廷人，特别是在我国仍以畜牧业为主的时期，他们习惯孤独地生活，或只和邻居往来。因为在庄园里生活也许……也许那些庄园主和雇工们并没有很大的区别，不是吗？雇主和高乔人或许也没有很大的区别。

费拉里：孤独定义了他们。

博尔赫斯：是的，我想是这样的。现在我们似乎已经丧失了孤独这种能力，但毫无疑问，之前我们是有的。英国人也有这种能力，因为他们尤其喜欢孤独。我记得劳伦斯说英国人有“A hunger for lonely places”（对僻静之地的渴望）。当我在苏格兰的时候我证实了这一点。大家对我说：“We lead you to the loneliest place in Scotland（我们带您去苏格兰最僻静的地方吧）。”那个地方确实十分寂静。我当时想：对我这样一个南美人来说太奇怪了，他们说起那些孤僻的地方，仿佛带着赞颂或钦羡之情。在我们这里人们不会这么做，更确切地说是因为现在人们不再忍受孤独。所有人……即便是住在科尔多瓦市或罗萨里奥市的人们，也都想着搬到布宜诺斯艾利斯来；而在布宜诺斯艾利斯的我们则想搬去欧洲。所以说，仿佛我们注定不在……（笑）

费拉里：（笑）注定不在我们身处之地。

博尔赫斯：我们身处之地，或者我们希望自己身处的地方，嗯。

费拉里：有一个奇怪的地方，就是我认为我们发展出了个体间的友谊。

博尔赫斯：噢，我认为是的。

费拉里：但不是那种被称作集体的团体间的友谊，不是吗？

博尔赫斯：集体友谊是最重要的，对于一个国家来说这是最重要的。

费拉里：这是自然。

博尔赫斯：因为你说的另一种友谊，可能会发展成……在此之前争夺和对抗发生在街区之间，现在却转向了足球，多奇怪，不是吗？

费拉里：总之，一切都能成为将我们分裂的好借口。

博尔赫斯：的确是这样。事实上，我们已经滥用了这个借口，这个理由。是的，集体的含义不存在了。

费拉里：不存在了。或许，恰恰因为这个原因，我们国家没有取得本应该有的进步。

博尔赫斯：是啊，这是一种伦理缺失的表现，因为人们在思想上遵从某人，而这个某人常常是他自己……人们不是从伦理的角度思考。对他们来说伦理太抽象，太宽泛。

费拉里：是啊，遵从一个人，他所在的团体，或他的环境，却不是国家这个整体。能否这么说，我们所发展出的这类友谊是您在阿根廷人身上见到的那种个人主义所独有的产物？

博尔赫斯：哦，我们的个人主义应该是一个不错的特质，只是我不知道我们有没有好好利用这个特质。但我认为没有，即便是在政界，因为他们的所作所为恰恰与之相反。

保尔·瓦莱里

奥斯瓦尔多·费拉里：博尔赫斯，有那么一页文字，您常说它仿佛是由他人所写，您在其中写道："瓦莱里是欧洲的象征，是它体弱多病的黄昏的象征，惠特曼则是美国的早晨的象征。"[①] 您似乎将这两位诗人看作两个对立的极端。

豪尔赫·路易斯·博尔赫斯：是的，我已经忘了还有这句话，不过换作现在，我会选择一位比瓦莱里更让我喜欢的诗人。尤其是将这位诗人与惠特曼比量齐观，有些许轻渎之意，不是吗？因为……惠特曼是无可比拟的，而我认为瓦莱里不是。说到这里，很明显，"体弱多病的黄昏"可能隐含了欧洲没落之意。

费拉里：显然如此。

博尔赫斯：而没落之意……我不知道欧洲是否没落了，不过，遗憾的是，世界对欧洲的兴趣似乎的确衰减了。这并不意味着欧洲

① 译文选自《作为象征的瓦莱里》（收录于《探讨别集》），该篇为黄锦炎译。

真的已经衰落，但我们对欧洲的向往确实日渐疏淡了。此前，对欧洲的向往，特别是对法国的向往，是源源不竭的。但现在人们可能会想到其他地区，其他时代……显然，我当时想说的大概就是这个。现在我不会选择瓦莱里了，不过当然了，瓦莱里的确写过非常精彩的诗句。首先我会想到这句："正像果实融化而成了快慰 / 就凭它在一张嘴里的形体消亡"[1]。这句诗很美，因为这里可以读出一种感受向另一种感受转化，不是吗？当一个人说"le fruit"（果实）时，他最先想到的不是果实带来的快慰，而是它的形状和颜色。但是这句诗以特别精巧、令人佩服的方式将一种感受转化为另一种感受："果实融化而成了快慰。"快慰对应我们的味觉，我们的舌头，而不是果实本身。然后，"就凭它在一张嘴里的形体消亡。"我选的这首诗肯定是瓦莱里写得最好的诗作之一，然而同样还是这首诗，我认为它开头描述的画面是完全错谬的，将大海比作有白鸽漫步的屋顶。我想如果要说什么与大海最不相像，无疑是这个，特别是我们常常将白鸽比作桅杆。说到这里，描绘大海是很难的，最佳的表达方式或许不是比喻，而是借助大海波动起伏般的节奏。此刻我难免会想到吉卜林的诗："谁曾向往大海，/ 咸咸海水无拘无束的视域。"不过这些词语并不重要，重要的是这首诗的节奏："Who hath desired the sea? /the sight of salt water unbounded."我不知道这个句子在形式上是否说得通，但在美学上是可以的。在这个问句里隐藏大海起起伏伏的波动。反之，将大海比作静谧的屋顶，哪怕是小一些的地中海，

① 译文选自《海滨墓园》，卞之琳译。全句为"正像果实融化而成了快慰 / 正像它把消失换成了甘美 / 就凭它在一张嘴里的形体消亡"。

所呈现的图像也是错缪的图像。

费拉里：有点随意。

博尔赫斯：不管怎么说，缺少强劲的情感效力。不过，我想我无须为自己写的这两行话感到后悔。再说，我们有“体弱多病的黄昏”。当然“体弱多病”和“黄昏”是近义词，因为“黄昏”这个词本身就有衰弱、无力之意；特别是在卡斯蒂利亚语中，“黄昏”（crepúsculo）这一词的重音落在倒数第三个音节上，同样带有柔弱无力之感。接着，“美国的早晨”焕发出一幅广阔的画面。多奇怪，我刚刚竟将这句话忘得一干二净了。后来我写了一首诗[①]，为许多事情而感激上帝。我“由于得克萨斯的早晨”而感激。那是 1961 年，我与母亲来到美国，我们先去得克萨斯州的奥斯汀。然后，我感谢蒙得维的亚的早晨。我一直很喜欢那里，可以是半岛上的早晨，帕索－德尔莫里诺[②]的早晨，或者任何一处的早晨。总之，我说过许多次，我喜欢这两个地方：东岸共和国[③]的蒙得维的亚和得克萨斯。您是否知道，我是奥斯汀和阿德罗格市[④]的荣誉市民。我不知道这个名号有什么含义，但一定是友好和善意的象征。或许我们就是象征，有什么理由不对这些善意的象征表示感谢呢。不过，您是不是希望我们专门谈谈这一行文字，或者……

费拉里：并不是。在我印象中，您在瓦莱里的作品中看到了思

① 指《关于天赐的诗（另一首）》，收录于《另一个，同一个》中。

② 蒙得维的亚区名。

③ 乌拉圭全称为“乌拉圭东岸共和国”。

④ 阿根廷城市。博尔赫斯小时候曾随家人迁居此处。现有博尔赫斯故居博物馆。

维的世界，一个阿波罗式的世界；相较之下，惠特曼则是狄俄尼索斯式的世界。[1]

博尔赫斯：这个想法不错，但我不知道瓦莱里在何种程度上能够被称为学者型诗人，因为他的诗歌鲜有观点。我认为，对我而言，学者型诗人的典范应当是——当然得是一个比瓦莱里更响亮的名字——爱默生。他不只是个学者，还善于思索，而这对于学者型诗人而言是种少见的品质。瓦莱里似乎称自己为学者型诗人，但我们并未在他的诗歌中读到不凡的论述。总之，我认为瓦莱里并没有将思想当作自己诗歌的主题，或者说他写诗的同时也在思索，除非我们说到他对格律、画面和韵脚的斟酌探索。不过这是另一回事了，因为所有的诗人都是这么做的。

费拉里：我打算引用您的话，您当时是这么想的，您说："瓦莱里偏爱清醒的思考之乐和追求秘密的秩序的冒险。"我想这种冒险可能是文学冒险：某种程度上指的是写作的冒险。

博尔赫斯：是的。但是我认为在我的那篇文章《作为象征的瓦莱里》中，我没有考虑太多瓦莱里实际的模样，就是我们所说的瓦莱里被接纳、被接受的模样。我指的就是人们把他看成学者型诗人。然而，事实上，正如比奥伊·卡萨雷斯所说，他劝导其他人思考探究，而自己却回避思考……（笑）也许比奥伊有些夸张，不过在任何肯定或否定的话语中掺入夸张成分，也算得妥当，可以让这句话显得更有效力。因为读者会担负起剔除冗余的工作，读者会根据自己的

① 阿波罗与狄俄尼索斯分别为古希腊神话中的日神与酒神。尼采认为日神代表幻梦背后的崇高与理性，而酒神代表尘世的放纵生活。

推论剔除多余的敬慕之辞，或多余的……哦，说轻视不合适，太严重……可以说是多余的指责、异议或争议。我想到阿方索·雷耶斯的作品，有些书名受人赞许，其中一本书标题叫作《称许与辩驳》。不过，这本书出版之前，在西班牙出现了另一本书，它的标题是对雷耶斯这个书名的戏仿，一种无意的、预言性的戏仿。雷耶斯的书名是《称许与辩驳》，一位叫作博纳富的作家——我没有读过他的书——写了一本名为《大鼓与棍棒》的书（两人都笑了），后者可以说是“称许与辩驳”的一种极为粗俗的说法。这种粗俗毫无疑问是作者故意设置的，是他想要的，不是吗？因为没有人会无意写下一个像“大鼓与棍棒”这么难听的标题。而且，“大鼓”这个词，读起来完全没有大鼓一般的效果，“棍棒”也是。就是说，它们表示同意一方，指摘另一方。

费拉里：我理解了。现在，有一件事我很感兴趣。您强调说，与瓦莱里同时代的其他作家，在其作品背后，都不如他那样独具个性。

博尔赫斯：确实，是这样的。

费拉里：不过您所看到的个性，也许是瓦莱里借作品表现出来的。

博尔赫斯：当时为人们所称道的，确切地说，是无理性与混乱，另外，也正是因为他给我们留下了那样一部作品，提醒我们达达主义是一项有点滑稽的冒险，然后超现实主义就出现了。所有这些趋势都与他的理念全然不同。他敢于赞颂拉·封丹[①]，在当时这是一件大胆的事。赞颂拉·封丹就相当于赞颂逻辑判断，而这在当时的诗

① 拉·封丹（1621—1695），法国诗人、寓言作家。

歌中是很少见的，因为所有人都偏爱无责任、有才气的诗人。说到这里，我想起奥斯卡·王尔德的警句：“如果不是因为经典的诗歌体式，我们都将会得到天赋的青睐。”现在也是如此，所有人都自认为有才华，就是说，他们无须为自己的作品负责。曾经有几个诗人来找我，他们向我朗读自己的诗。我请求他们给我解释一下。他们对我说，无法解释，他们写的是忽然降临的想法。他们远没有责任意识，他们发表自己的第一版草稿之后，就不会有第二版了。这种方式备受推崇。此外，他们追求写自由诗，因为他们错误地认为自由诗比古典诗更简单。恰恰相反：如果您不仔细学习沃尔特·惠特曼或卡尔·桑德堡，那么所谓的自由诗实际上就是粗陋的散文，只是印刷品上的诗歌。不过，您可以为自由诗辩护，但自由诗实际上就是粗疏的散文或作者放任自流的散文。或许自由诗适合被印刷成行，因为这样一来，读者就会知道，在这一页他们将会读到情绪，而不是信息或道理。如果读者看到几句长短不一的诗，一行接着一行，他会明白作者这么做是为了表达情绪。反之，像散文诗那样排版规整，读者可能会想这些文字是为了说服他接受某些观点，或者对他讲述某件事情。也就是说，它的目的是叙述或者辩白。而当书页排满错落不齐的一行行文字，读者就会想：“嗯，应该像读诗那样读它。”当然啦，我们知道文章的阅读方式是有影响的，因此这种形式或许还真是有理有据的。如今没有人从古典诗开始创作了。别人来找我的时候，我对他们说古典诗是最简单的，他们都很惊讶。然而，古典诗为创作者提供了框架，这个框架没有价值，但可以告诉他之后要怎么做。比如您打算写一首十四行诗，那您现在知道了十四行诗的结构：可以是两段三行诗加上两段四行诗，或者三段三行诗加上一段两行诗。总之，您已经知道了结构，这将对您有所帮助，虽然十四行诗事实上不只有这两种可能性，但大体相似。

费拉里：嗯。不过，好吧，我们很难不再想起那个被您称为“硕大钻石”[①]的作品：瓦莱里的《海滨墓园》。

博尔赫斯：我说过它是硕大的钻石？

费拉里：是的，您将它称为硕大的钻石。

博尔赫斯：现在呢，我会把这个词用在其他的诗作上。我会用这个词形容……嗯，我要说哪首诗应该很明显了，不过还是得说出来，就是阿里奥斯托的《疯狂的罗兰》。我认为瓦莱里的诗并没有如此丰满，事实上也没有多像钻石，不是吗？有几行诗效果平平。奇怪的是竟没有人把《海滨墓园》和格雷[②]的《墓园挽歌》进行比较。应该将两首诗进行对比，不过我觉得格雷的诗更好。我记得维克多·雨果也有一首类似的诗……我们得在他的作品里找一下。要是将这三首诗作一番对比，一定会是一次精彩的研究。三首诗彼此不同，但是它们的主旨和思想应该会特别相似。我们应该对格雷、维克多和瓦莱里展开一场“称许和辩驳”。太奇怪了，我曾写过关于雷科莱塔墓园和恰卡里塔墓地的诗歌[③]，我不知道我是怎么写下它们的，现在想来，这些地方特别可怕。前段时间，我去

---

① “硕大钻石”出自博尔赫斯的《保尔·瓦莱里〈海滨墓园〉》（收录于《序言集以及序言之序言》），该篇为赵士钰译。

② 托马斯·格雷（1716—1771），英国诗人、古典学派学者。

③ 比如《拉雷科莱塔》（收录于《布宜诺斯艾利斯激情》，林之木、王永年译），以及《布宜诺斯艾利斯的死亡》（收录于《面前的月亮·圣马丁札记》，王永年译）。

了雷科莱塔墓园，那里埋葬了我的多位先辈。站在墓堂前我想："世界上如果有什么地方是我的父亲和母亲不该前往的——就近而言——正是这个墓堂。"墓堂里能有什么呢？可能里面容纳了剪掉的头发、从指甲上锉下的碎屑，还有可怕的腐烂之物，我想。哦，就像基督说法利赛人是粉饰的坟墓[1]时所见到的场景，外面华美，内面却满是污秽。真是奇怪，1923年我写的最初那几首诗歌里居然有一首是关于雷科莱塔的。后来，还有一首关于恰卡里塔的诗，被收录在一本叫作《圣马丁札记》的书里。那时我并不觉得害怕，但现在坟墓让人生畏，我希望自己不会被埋起来，最好火葬。有一首很美的诗，是盎格鲁－撒克逊诗歌，《坟墓》。它的主题同诗题一样：死者尤为可怕，以至于应该将他掩藏起来；它谈到了将死者分解的虫子，将坟墓比作一个家。这是一首盎格鲁－撒克逊时代晚期的诗歌，大概是十一世纪的诗，就是说，写于诺曼征服之后。它可能是最后一首用盎格鲁－撒克逊语写的诗，或盎格鲁－撒克逊人保留至今的最后一首诗。诗中写道："那个家没有门，里面漆黑一片。"接着，诗人对死者说，当他进去之后，一切将变得很可怕，因为不会有任何一个朋友前去探望。总体来看，关于尸体如何骇人，这是一个还没有被触及的话题，不是吗？哦，面对死亡，我们感到羞怯。

费拉里：人们会避免谈到这个，的确。

---

① 典出《圣经·马太福音》（和合本）第二十三章第二十七节："你们这假冒为善的文士和法利赛人有祸了！因为你们好像粉饰的坟墓，外面好看，里面却装满了死人的骨头和一切的污秽。"

博尔赫斯：曼里克[1]的诗也没有谈到这个，诗中写道："我们的生命如江河 / 将奔流着汇入大海。"不过他没有提到我们那令人悲伤的遗物，即我们的躯体，它注定会腐烂。

费拉里：不过，关于死亡，您说瓦莱里在《海滨墓园》里展开了思辨。他还写过《年轻的命运女神》，您应该记得。而对死亡的思辨也一直是西班牙诗歌的特点。

博尔赫斯：我想是的，西班牙诗歌以死亡为主题，而散文的主题则是饥饿，不太有诗意，不是吗？

费拉里：（笑）还有，以骗子为主题？

博尔赫斯：对，主人公似乎不断在偷东西，比如奶酪（笑）。他们是一群流浪汉。

---

① 豪尔赫·曼里克（1440—1479），西班牙诗人，文中节选诗句引自他的代表作《为亡父而作的挽歌》。

短篇小说《第三者》[1]

奥斯瓦尔多·费拉里：许多次，博尔赫斯，我们谈到阿德罗格市。我想，现在我们应该可以前往下一个地点了。

豪尔赫·路易斯·博尔赫斯：图尔德拉。当然是这个地方。还有伊韦拉氏兄弟的庄园，以及“没有肚子的人”。

费拉里：（笑）您的一则短篇小说也发生在这里，我知道您本人也比较满意这一篇：《第三者》。

博尔赫斯：是的，《第三者》。哦，这个故事……一开始我只有一个抽象的想法，并不是很好。这个想法就是：友谊是阿根廷一种基本的激情。当爱德华多·马列阿发表《阿根廷激情故事》时，我就想，阿根廷的哪种激情呢？哦，当然还有其他的激情，比如贪婪。但是，阿根廷值得称颂的激情，应该就是友谊了。然而，从这个角

① 收录于《布罗迪报告》。该故事发生在图尔德拉，主人公尼尔森（也称“纳尔逊”）兄弟的灵感来源为下文提到的伊韦拉氏兄弟。下文中“没有肚子的人”是博尔赫斯在《探戈：博尔赫斯的四场讲座》中提到的人物。

度来说马列阿的书让我失望了，仅从这点上说。我曾想过写一个有关该主题的故事，故事的核心就是对我们来说友谊通常比爱情更加重要。我还记得，巴勒莫的老头目尼古拉斯·帕雷德斯，他发表过一番见解。他说任何一个连续五分钟想同一个女人的男人，绝不是男子汉，而是一个……（后面他用了一个源自雌雄同体的词，我没必要在这里重复了。）当时我就想：我要以它为题写一个故事。我要写两个男人，他们视友情重于对女人的爱情。不过，由于友谊这个概念近来被污名化，嗯，受到鸡奸影响，不是吗？我想，为了不让人们产生这类猜疑，我得把这两个男人写成亲兄弟；他们还得特别粗暴鲁莽。然后我想到：嘿，我有太多故事都发生在巴勒莫了，我要另找一个地区，那里人们还保留着传统的生活方式，还有好斗之人，而且这种传统在那里甚至比在巴勒莫更久远。于是，我想到图尔德拉，想到伊韦拉氏兄弟；然后我着手整理有关两兄弟——两个好斗之人——的故事。我给他们设定了一段有点含糊的过去，他们当过盗马贼，赶过牲口，或许曾是赌徒，自然还当过头目的护卫。我想到：一个女人闯入他们的生活，于是哥哥感到他们的兄弟情谊受到了威胁，可能出现竞争者。他是故事发展中唯一说话的人物。因此，他打算采取各种措施解决此事。比如，他知道了弟弟已与这个女人发生了关系，而且弟弟已经爱上了她。所以一天晚上他离开家，留下弟弟和那个女人在一起。他说："那个女人就留给你了，如果你喜欢她，就跟她过吧。"果然，弟弟这么做了，之后兄弟俩就共享那个女人。但是女人更喜欢弟弟，哥哥感到嫉妒，就把女人卖给了妓院。后来，兄弟俩在莫隆的那家妓院偶遇，他们都在排队等候那个女人。于是，他们花钱赎了她，又一次将她带回家，三人一起住在图尔德拉郊外。之后，有一天哥哥对弟弟说该去卖几张皮子了（他们有一辆大车和几头拉车的牛）。由于我早就想好了结局，所以在故事开头我就为他们配备了一辆车和几头牛。随后他们来到一处空旷的原野，在那里有一幕是这样的：哥哥对弟弟说，他把女人杀了。当我写到这一幕时，我把故事口述给我的母亲，当时我已经失明了。我说："噢，这个故事的命运就掌握在这句话里了。他必须说出一句话，只用寥寥数语，让它显得精炼、有力。"于是，我对我母亲说："我该怎么写呢？哥哥要告诉弟弟说他已经杀了那个女人，还要让弟弟成为他的同谋，一起去埋了她，隐藏尸体，等等。然后，我母亲看了我一会儿，用一种完全不同的声音对我说："我知道他是怎么说的了。""我知道他是怎么说的了"，这句话的语气仿佛我构筑的那场梦真的发生过，而她就在现场。我母亲没有说"我知道他会说什么了"，而是说"我知道他是怎么说的了"。也就意味着在那一刻，她认为我那场模糊的梦就是现实。"那么，您写下来吧。"我对她说。于是，她写了下来，我让她读给我听听。她读道："干活吧，兄弟。我今天把她杀了。"于是现在，就有了这样一句完美的话。

费拉里：完美的一句话。

博尔赫斯：首先，"干活吧，兄弟"，这句话意思是，他是兄长，弟弟必须听从于他。然后，他说："我今天把她杀了。"他没有谈论荒谬的细节，比如掐死她，或者一刀将她捅死，这样有什么必要呢？"把她杀了"就足够了。最后，弟弟甘于服从，兄弟俩把尸体埋了，故事到此结束。

费拉里：在兄弟之间，任何事都无须赘言。包括罪行。

博尔赫斯：是的，任何事都无须赘言。另外，可以理解为他们拯救了最为可贵的东西：那就是兄弟间的情谊。

费拉里：正是如此。

奥斯卡·王尔德

奥斯瓦尔多·费拉里：博尔赫斯，有两位作家，他们都来自爱尔兰，对英国文学，乃至世界文学产生了经久不衰的影响。每隔一段时间您都会提到他们。

豪尔赫·路易斯·博尔赫斯：其中一位是萧伯纳，对吗？

费拉里：一位是萧伯纳，另一位是奥斯卡·王尔德。

博尔赫斯：哦，我想是的。不过我们忘了还有乔治·摩尔[①]，还有斯威夫特，还有威廉·巴特勒·叶芝……

费拉里：只是时间所限，我们可能很难……

博尔赫斯：一座小小的岛屿，人口不多，也就六七百万居民，却向世界贡献了如此多极具才华的人物。这很罕见。

费拉里：正是。

博尔赫斯：反之，我们拥有极其辽阔的疆域，却毫无贡献，几

① 乔治·奥古斯图斯·摩尔（1852—1933），爱尔兰小说家、诗人、文艺评论家，代表作有《一个青年人的自白》《我死了的生活的回忆》等。

乎没有出现这样的人物。然而，爱尔兰在九世纪便做出了令人难以置信的贡献，即泛神论神秘主义者司各特·爱留根纳[①]。司各特·爱留根纳前往秃头查理的宫殿，因为他能够翻译希腊文作品，而当时法国没有人懂希腊文，爱尔兰修士却已经掌握了这门语言。爱尔兰涌现出一大批才华出众的人。

费拉里：似乎爱尔兰文人尤其擅长批评；萧伯纳和王尔德也有这类特点，对吗？

博尔赫斯：嗯，据萧伯纳所说，确实如此。他说英国人多愁善感，而爱尔兰人性格多疑，善于讽刺。

费拉里：他们都擅长讽刺，富有才情……

博尔赫斯：我们还忘了一位爱尔兰人，萧伯纳常常提到他，就是威灵顿公爵阿瑟·韦尔斯利[②]；还有一位总体来说比较小众的作家——柯南·道尔，他在爱丁堡出生，但来自一个爱尔兰家庭。

费拉里：不过，要说对英国社会做出最尖刻讽刺的人，也许正是萧伯纳和王尔德。

博尔赫斯：……对，只是，我认为英国人喜欢被讽刺。我想，一定程度上，讽刺就像是英国人向国家缴纳的赋税。英国人还有一个奇特的地方：每一场战争，他们都会选择敌方中的一人，将他奉为英雄。比如，第一次世界大战时，他们的英雄是“埃姆登号”的

---

① 约翰·司各特·爱留根纳（810—877），亦作约翰内斯·司各特·爱留根纳，爱尔兰哲学家，通晓希腊文。曾在西法兰克加洛林王朝国王查理二世（也被称为秃头查理）的支持下翻译了伪狄奥尼修斯的著作。

② 阿瑟·韦尔斯利（1769—1852），第一代威灵顿公爵，拿破仑战争时期英国陆军将领，前英国首相。

舰长；还有某位德国飞行员，同样得到他们的崇敬。第二次世界大战的英雄是隆美尔[1]。也就是说，英国同某个国家作战时，需要崇拜敌对国的某个人。英国甚至把对英雄的崇拜之情延伸到敌方人士身上。没有哪个国家像英国这样。

费拉里：您很敏锐，就您刚说到的这点。

博尔赫斯：不，不过是很容易察觉到的。

费拉里：确实，是的。

博尔赫斯：比方说拿破仑，他显然是英国最大的敌人，但他在英国有许多支持者。当有人告诉拜伦滑铁卢战役胜利的消息时，拜伦说"I am damned sorry"，就是"我感到太遗憾了"。也许他更希望拿破仑打败英国人和德国人。还有，我想到史蒂文森发表的一封信，当时南非战争刚开始，信里要求英军为了英国的荣誉撤退，因为英国人犯下了错误，只有撤回军队才能改正过错。这封信发表在《泰晤士报》上，并没有给史蒂文森带来任何困扰。人们认为，噢，他正在发表他的见解。

费拉里：英国人拥有在短时间内保持公正的能力，很奇特。

博尔赫斯：是的，嗯。此外，他们试图当一个"fair man"（公正的人），做到不偏不倚。反之，其他国家不会这么做，人们认为不偏不倚形同背叛。我记得有一封公开发表的信，我不确定是否出自两位军人之手，它反对了我的某段言论，应该就是一年前的事。我记得那封信里有一段话，听来奇怪："此类断言，若是出自一个智

---

① 埃尔温·隆美尔（1891—1944），第二次世界大战时期的德国陆军元帅，人称"沙漠之狐"。

利人，没有问题；但出自博尔赫斯，一个阿根廷人，就不合适了。”这代表他们承认自己的不公正；在他们眼中，同一个话题，智利人发表评论的方式应该不同于阿根廷人。我认为这不合理，他们自己也没有做到客观公正；他们认为，阿根廷人应该这样发表评论，而智利人应该那样发表评论。

费拉里：是的，在我们中间总会看到类似的错误。我们看到，英国人对王尔德怀有某种怨恨，正是由于他对英国社会做出的那些批评。在那场将他送入监狱的案件的审理过程中，这一点很明显。

博尔赫斯：是的，不过是他先提起诉讼的。据皮尔逊[①]所说，是王尔德提请案件审理的，因为他生活在一个幻想的世界。对，其实所有人都生活在幻想的世界，但王尔德的世界是讽刺诗文和精美词句的世界，他认为自己的世界可以扩展到其他人那里。因此，他其实知道昆斯伯理侯爵对自己的指控确凿无误，但他以为可以借助讽刺诗文为自己辩护，比法官的做法更聪明、更机智，这就是他的错误。那么，为何他会提起这场诉讼，没有人知道。有人说是阿尔弗莱德·道格拉斯让他这么做的，道格拉斯正是被王尔德指控诽谤之人的儿子。

费拉里：是的。但昆斯伯理侯爵明显是在羞辱他，因为他不仅说王尔德是鸡奸客，还是“装腔作势的鸡奸客”。像王尔德这样的绅士，必然会做出反应。

博尔赫斯：啊，不是的，我倒认为“装腔作势的鸡奸客”这句

① 赫斯基斯·皮尔逊（1887—1964），英国传记作家，曾为莎士比亚、王尔德等人写过传记。

话是昆斯伯理侯爵的计谋。很明显，因为说王尔德是“装腔作势的鸡奸客”，意思仿佛是……

费拉里：是对王尔德的羞辱。

博尔赫斯：不，他想说的是，他并不确定王尔德是不是鸡奸客。

费拉里：您的意思是？

博尔赫斯：就是说，我认为这是他的狡猾之处。如果他说“致鸡奸客”，那么王尔德可以说“不，我不是鸡奸客”。但“装腔作势的”透露出一丝不确定感。然而与此同时，他对此事完全有把握，因为他已经请侦探到巴黎搜寻过，得到了可靠的回复。不过，他装作自己不太确定，以此激怒王尔德。我想这样是说得通的。还有，他甚至把单词拼错了，把“sodomite”写成“somdomite”，但我认为这些全是他有意为之的。

费拉里：我们注意到，在案件审理过程中，有几位王尔德的大学同学站在反对他的一边，比如一些很久以来就私下记恨他的人。

博尔赫斯：但披露他隐情的人主要是那些他招惹过的年轻人，这也正是让他倍感命运捉弄的地方。他们曾经是未满十八岁的小伙子，王尔德把他们带到巴黎，赠送他们金手表。然而，那时他不知道这一切有一天会被公之于众。他这段令人羞愧的过去尽然显露，嗯，这足以证明侯爵的控诉不构成诽谤，全是事实。王尔德本可以离开英国，因为他还有一个月的时间。弗兰克·哈里斯[①]，萧伯纳，还有一些朋友为他提供帮助，劝他离开英国，前往法国。但王尔德

① 弗兰克·哈里斯（1855—1931），爱尔兰裔美国作家、记者、出版人。

不愿意，他留在了英国。最后一个晚上他好像是独自一人度过的，楼下的人听到他在屋子里来来回回地踱步。前往多佛港的火车还剩最后一班，警官派了一名侦探前往车站查看。侦探沮丧地回来，报告说没有，王尔德没有乘坐最后那班火车。“哎呀，”警官说，“这下我们不得不去逮捕他了。”然后他们前去把王尔德带走了。他料到了接下来会发生什么。不过，后来他对纪德解释说，他想“看看花园的另一面”。意思是他体验过成功，一定程度上也体验过荣誉，还有幸福——如果幸福真的存在。他也想尝尝声名狼藉和惨遭不幸的滋味。也就是说，他愿将人生的种种经历悉数尝尽。他想说如今这些是他有意求得的。

费拉里：他做到了，以一种极为高贵的姿态，因为您还记得……

博尔赫斯：极为高贵的姿态。他同狱友们结为朋友，出狱后仍继续关心他们，给他们写信，为他们提供金钱方面的帮助。他出狱后，住在一位犹太女士家中。那段时间，有一次他和一位朋友出去，自然是去了一家书店。当他们正在看书时，不知道究竟是谁说了一句：“奥斯卡·王尔德在那儿。”那一刻他意识到如果继续留在伦敦，他的命运就会如此了——当然，在爱尔兰情况可能更糟。然后他去了巴黎，几年后便离世了。

费拉里：有意思的是，关于伦敦，他在《温夫人的扇子》里写道：“在伦敦，到底是雾带来了正人君子，还是正人君子带来了雾，我不知道。”

博尔赫斯：不错，是的。噢，这也是一种恭维英国人的方式，和他们谈论雾；伦敦的雾让英国人引以为豪。

费拉里：不过，您说过，有证据表明王尔德的话几乎都是有道理的。就是说，他是一位……

博尔赫斯：我想是的，我认为他常做深入的思考。但是为了保持某种优雅的姿态，他可能更希望自己被当作一个轻浮的人。因此，他为自己的思辨披上了讽刺的外衣。

费拉里：当然。

博尔赫斯：不过，显然，作为诗人，他表现平平，水平只及丁尼生或斯温伯恩[①]的一分；但他本人不是这样的。

费拉里：作为小说家，他着实很出色。

博尔赫斯：是的，不过他的风格非常浮华。比如，《道林·格雷的画像》是在模仿史蒂文森的《化身博士》；但《化身博士》写得很好，《道林·格雷的画像》则不然，有太多无意义的话，冗余的篇章，一长串乐器的名称。总之，这本书的风格很浮华。

费拉里：但是，还有《瑞丁监狱之歌》和《自深深处》。它们完全是他的风格，王尔德式的。

博尔赫斯：是的，但我不知道《瑞丁监狱之歌》能否说得上优秀。和柯勒律治或吉卜林的歌谣相比，它算不上好诗；或者将它和真正的民间歌谣相比，也不算好。不算太好，可以看出它全是虚构的。比如，开头几行诗，他把葡萄酒和鲜血写成红色的。然而，有件事情，吉卜林应该是知道的，王尔德肯定也清楚：英国士兵不喝葡萄酒。人们喝什么呢，杜松子酒。那个年代威士忌也没人喝。但是他依然

① 阿尔加侬·查尔斯·斯温伯恩（1837—1909），英国诗人、剧作家、评论家。

觉得用葡萄酒更合适，因为葡萄酒是具有某种文学意义的。按照当时狱中的规定来看，那件外套不应该是红色的，应该是绿色的。关于这点，王尔德的一位朋友也曾对他说：“外套应该是绿色的。”噢，王尔德说：“要是鲜血和葡萄酒是绿色的话，您觉得绿色更好……（笑）那我同意。但它们都是红色的。”当然，他知道事实不是这样的。接下来还有一些隐喻，也是虚构的。

费拉里：不过，博尔赫斯，我相信那句话：“我会将我的痛苦变成音乐。”我想，通过《瑞丁监狱之歌》和《自深深处》，他在一定程度上做到了这句话。

博尔赫斯：我想是的，这是所有诗人的职责，我认为。

费拉里：是的……

博尔赫斯：当然，谱写音乐或旋律。噢，《奥德赛》里写道，天神让人们遭受苦难，是为了子孙后代拥有可以歌颂的内容[①]。这两句是同一个意思。

费拉里：确实。

博尔赫斯：世上一切事物都有一套美学上的理论。对此，马拉美[②]以一种更加散文化的方式表述出来，他说：“世界的存在就是为了一部书。”但书是静止的东西，这种说法更好：“让后世的人们听闻诗人的诵唱”，听起来更加生动，荷马比马拉美表述得更巧妙。当然，马拉美的表述更加有顺从感，“世界的存在就是为了一部书”，

① 《奥德赛》第八卷，陈中梅译：“是神明催导此事，替凡人编织出毁灭的 / 罗网，以便让后世的人们，听闻诗人的诵唱。”

② 斯特凡 · 马拉美（1842—1898），法国诗人、评论家，代表作有《牧神的午后》。

仿佛在说：噢，既然一切会在一部书里终结，我们还有什么可期待的呢。除非他有书籍崇拜，或者这些情况都有可能，因为马拉美是一个非常复杂的人，也许他有意写得含糊。而王尔德，毫无疑问，除了一页页文字，他留给我们的还有才华横溢、亲近和气的印象。以及我不止一次说到，还有一种令人费解的单纯；魏尔伦[①]给我们留下了同样的印象。我是说，他们的生活或许声名狼藉，但他们本人不是这样的。这让我想到史蒂文森的一句话，写得很美也很真实，他说："一个人会因为他的作品、他的生活，或者他的行为受到中伤。"他说"一个人会因他的行为受到中伤"，一个人会杀人，但本质上并不是一个罪犯。麦克白或许就是这样，不是吗？有人觉得麦克白这么做是受到女巫和他妻子的怂恿，他的妻子比他更为强势。但是他本质上并不是杀手。很多时候，一个有智慧的人会表现得愚蠢，但人们不应该因他那些愚蠢的行为评判他，而是需要看到他这个人。说到王尔德，他留给我们的最后的印象，是令人费解的单纯，仿佛一切都发生在另一个人身上，或者仿佛他没有完全参与到他的全部生命中。因此，可惜的是，人们总是执着于王尔德悲剧的结局；而我更愿意读一读王尔德那些没有谈到这段经历的书，只谈论他的作品的书，仅限于此。但情况似乎不是这样，好像现在我们不得不谈论他的这段经历，在监狱的经历，在巴黎度过的不幸的日子。

费拉里：但是您也说了，他的作品的基调是幸福的。

① 保罗·魏尔伦（1844—1896），法国象征主义诗人，代表作有《智慧》。

博尔赫斯：没错，我认为是的，我当然还会重复这句话，我想这是毫无疑问的。此外，还有这样一个事实，在他的喜剧作品里有很多愚蠢的人——社交场合轻佻的女人，可与此同时，她们还很聪明。但是，这并不重要，不是吗？她们给人留下愚蠢的印象，哪怕口吐珠玑。自然，她们口中的妙言妙语是王尔德添上的。可总的来说，尽管她们最后给人留下愚蠢、轻佻的印象，说的却尽是警句，妙语连连。

费拉里：唉。您说的这些让我想到陀思妥耶夫斯基[①]的一句话，他谈到了美丽，他说美丽在愚蠢中更加闪耀。

博尔赫斯：挺好，事实正是如此。是的，比如，我在街上时不时会听到极为出彩的话，说这些话的人没有意识到他们的妙语。不过，萧伯纳说——我们今天谈论的都是爱尔兰人——他说的所有话都是他在街上听来的；他什么都没有虚构，他只是转写下来，仅此而已。不过，这又是萧伯纳的一个“boutade”（怪念头），不是吗？

费拉里：才华出众的人是他人的抄写员，是的，我们之前讨论过这个。

博尔赫斯：我认为这不是真的。而且，真要说没有人懂得利用这种才能，除了那个叫作乔治·萧伯纳的偶然听众，这该多奇怪啊。噢，萧伯纳和王尔德是很好的朋友。萧伯纳说他愿意用任何东西交换与王尔德交谈一两个小时的机会；王尔德会在谈话中滔滔不绝，而萧伯纳说：“人生中唯一一次，我将保持沉默。”

---

① 费奥多尔·米哈伊洛维奇·陀思妥耶夫斯基（1821—1881），俄国作家，代表作有《罪与罚》《群魔》《卡拉马佐夫兄弟》等。

费拉里：然而，王尔德说，他觉得萧伯纳像是一个没有激情的人。王尔德认为，这使得萧伯纳的作品对他没有吸引力。

博尔赫斯：嗯，因为萧伯纳对思考充满激情。

荒漠，平原

奥斯瓦尔多·费拉里：每隔一段时间，博尔赫斯，我们总会回到有关平原的话题上。不过这次我有些新想法。我认为应该有人会这么想：伟大的神秘主义者大多是在山川间而非平原上获得灵感的。但是，举个例子，我们看到，几大一神论宗教的创始人是在平原和荒漠中获得灵感的。

豪尔赫·路易斯·博尔赫斯：您说的是伊斯兰教和基督教，对吗？

费拉里：是的，当然。

博尔赫斯：嗯，我不知道还有哪些宗教是这样的。

费拉里：在这两大宗教中，平原是最能触发灵感的地方，而非山川。不过，您曾经谈到达尔文观察平原的视角。

博尔赫斯：是的，那是在达尔文的《小猎犬号航海记》中。后来赫德逊[1]重新提到这点，在他的《拉普拉塔的博物学家》，或者

[1] 威廉·亨利·赫德逊（1841—1924），英国博物学家、作家，出生于阿根廷，作品常以拉丁美洲为背景。

Far Away and Long Ago（《远方与往昔》）中，我记不清是哪一本了。不过，奇怪的是，后面这本书，弗朗西斯科·路易斯·贝纳德斯[1]说它的书名和某位西班牙作家的《年岁与里程》一样。其实不然，"年岁与里程"听起来吧，索然无味，不是吗？先谈时间，再谈空间。不同的是，"Far away and long ago"哪怕翻译成卡斯蒂利亚语"Allá lejos y hace tiempo"（遥远之处与很久之前），依旧像一段旋律、一支曲子，它的曲调带有……一丝怀旧、忧伤之情。我记得"Far away and long ago"在某一首歌谣中出现过，那首歌谣讲的也是这个内容，只不过以歌唱的形式来表达。相较之下，"年岁与里程"显得索然无味，不过是两个度量时间和空间的单位，毫无丰满的情绪。"Far away and long ago"或"hace mucho tiempo y muy lejos"则不同，有旋律感，就像谱写情绪乐谱的节奏。因此两个书名是不一样的；我是说，概念一致，但情绪有别；从思想上看是一样的，从情绪表达上看就不同了。

费拉里：但是，说到情感，在之前的对话中，您对我说要想真正置身某处，也许应当住到远方，而非住在那个地方。因为，比如，赫德逊是在遥远的国度写下那些地方的；还有，吉拉尔德斯也在法国写下了平原上的故事。就是说，在远方……

博尔赫斯：嗯，有一部分是这样的。《堂塞贡多·松布拉》有一部分是吉拉尔德斯在庄园里写的，在平原上，布宜诺斯艾利斯省的圣安东尼奥－德阿雷科市。另一部分，他是在布宜诺斯艾利斯市写

---

① 弗朗西斯科·路易斯·贝纳德斯（1900—1978），阿根廷诗人、外交家。

的，那段时间他有时住在父母家里，在巴拉圭街和佛罗里达街路口；有时住在自己家，他写这本书的时候我去拜访过他，应该是在索利斯街和维多利亚街路口，或索利斯街和阿尔西纳街，我记不清了。不过，总之是在国会区，在平原上，但也算不上平原，因为那里已经有不少建筑物了。

费拉里：不管怎么说，距离能激发灵感。

博尔赫斯：是的，我认为是这样。也许我们可以夸张地说，要想对某地产生感情，只能离开那里，对吗？

费拉里：是的，我想这一点您说得对。在我国的文学中，还有其他作者在远方酝酿作品的例子，尤其是早年间描写平原的作品，也就是十九世纪。

博尔赫斯：嗯，比如我们有萨米恩托，他在智利写下了《法昆多》。

费拉里：正是。

博尔赫斯：还有，埃切韦里亚[①]。他的诗歌《女俘》……确实是在平原上写的，就在皮拉尔的一个庄园里；但他更关注向安第斯山脉延伸的那一片平原。

费拉里：安第斯山脉脚下。而且，他从欧洲回来……

博尔赫斯：不错，他也是个例子，当然，我们还记得埃切韦里亚在巴黎的吉他。

费拉里：因此，我们看到了平原为我们提供的各种作品。但是，回到您刚才提到的达尔文，我对他的一个观点很感兴趣。您说过看

① 埃斯特万·埃切韦里亚（1805—1851），阿根廷浪漫主义诗人。

到怎样的平原取决于俯视平原时的高度。

博尔赫斯：是的，达尔文和赫德逊先后谈到了平原上的平原：当一个人站立在大地上或骑在马背上，他所看到的平原。达尔文注意到，不管站在地上还是骑在马背上，人的视线都不会太远，很快就能看到地平线。也就是说，当人站在平原中央，他并不会觉得平原是无边无际的；除非他知道那里实际上非常辽阔，并试着感受这种宽广。否则，他的视线很难到达远方，一下子就能望见地平线，地平线画出弧度，一个不太遥远的圆弧。不同的是，人在海上的视野更加宽阔，因为您是在船上看见大海的，会比骑在马上或者站在地上看得更远。

费拉里：在文学中，有三个版本的平原，也许都有现实的成分。

博尔赫斯：哪三个？

费拉里：一个来自萨米恩托，他说要想理解一个阿根廷人，需要了解自然环境对他的影响。还有一个来自马丁内斯·埃斯特拉达，他说草原不可避免地浸润了我们、我们的城市和我们的村庄……

博尔赫斯：对，吉拉尔德斯也说过这样的话，他说：以前，原野浸润了一座座房子。

费拉里：噢，确实。

博尔赫斯：所以都是一样的。

费拉里：正是，表达的意思是一样的。

博尔赫斯：嗯，是有这样一句话……我不确定是在《玻璃铃铛》里还是在《堂塞贡多·松布拉》发表后的某一首诗里，诗歌名字我不记得了。总之，就在某一部作品中，他说过类似的话：原野浸润了一座座房子。

费拉里：还有一个人，她说得更深入。卡门·甘达拉[1]说："我们阿根廷人是一片荒原。"

博尔赫斯：于是，荒原已经扎根在我们内心了。的确，这让人感到悲伤，但也许正是事实，对吗？关于个体的孤独的事实。没有作为共同体的情感。共同体，就是那一片共享的平原，不是吗？我们就是一片平原，我们的孤独无法挽回。

费拉里：从某种程度上说，所谓阿根廷人遭受的孤独，只出现在南方，就是我们所说的世界尽头。

博尔赫斯：是的，这让我想到苏尔·索拉尔[2]，他和我说应当换种方式印刷地图。这样一来，我们就不用像破布般悬挂，不再是南半球的倒锥体，而是高居顶点，在峰顶上。只要我们能把南方置于高处，而不是地图的下半部分。

费拉里：索拉尔提议把世界地图或者地球倒过来。

博尔赫斯：是的，这不过是一种习惯，一点也不费劲。还可以把南方和北方转到右边和左边，而它们现在地图的上方和下方。

费拉里：我想起您在小说里描写的平原，我发现里面的人物是清晰明确的，甚至可以说十分典型。我想到塔德奥·伊西多罗·克鲁斯[3]，还有……

博尔赫斯：是的，的确，奇怪的是，人们的性格特点怎么会

---

① 卡门·甘达拉（1900—1977），阿根廷小说家，代表作有《魔鬼之域》《镜子》等。
② 亚历杭德罗·苏尔·索拉尔（1887—1963），阿根廷画家、雕塑家、作家。
③《塔德奥·伊西多罗·克鲁斯小传》中的人物，收录于《阿莱夫》。

取决于绘制地图的方式，但这有何不可呢（两人都笑了）？不过，也许情况不是这样，平原生活与山区生活之间的差异可能比南北方的差异更大。至于高乔人的类型，嗯，高乔人不只出现在平原地区，还在叛乱四起的刀锋上；不过我不知道这是否对性格有影响，不是吗？

费拉里：很明显，在同一个国家里，生活在平原的人与生活在山区的人是有区别的。只是，嗯，这种区别还挺让人愉快的。

博尔赫斯：在一场关于高乔人的会议中，我记得是在芝加哥，格鲁萨克说有两种高乔人：一种来自南方，他们生活在平原；还有一种生活在山区，他们来自北方。反之，卢贡内斯在《民间歌手》里坚持说只有一种高乔人，山区中——比如萨尔塔——和平原上的高乔人是一样的。但是，我不知道这种说法是否正确，也许二者之间是有区别的。

费拉里：的确，但是我不只想到高乔人，我还想到我们也是生活在平原上的人。因为正如我们谈到南方时所说，布宜诺斯艾利斯是建筑里的平原。

博尔赫斯：毫无疑问。我记得有一次，当我正与一位作家交谈时——他可能是法国人——噢，我干了件坏事。他说他住在国会广场附近的酒店，他想看看大草原。我对他说，嗯，现在我们已经在草原上了，这里就是草原。不过（笑），这当然是我的一个诡计，因为他想看的不是建筑里的草原，而是我们说的空旷的草原。

费拉里：不过，我记得另一位法国文学家说过，大草原给他带来了水平的眩晕。

博尔赫斯：噢，这是德里厄·拉罗谢勒[①]说的。当时是这样的：那次我们出去散步，来到阿尔西纳桥或是拉帕特纳尔区，也可能是其他地方；总之，一个能感受到平原的地方。他说："Vertige horizontal.（水平的眩晕。）"这就是皮埃尔·德里厄·拉罗谢勒，他在迷离的清晨走在布宜诺斯艾利斯的河岸边。

费拉里：您也一同经历了吗？德里厄·拉罗谢勒当时和您在一起吗？

博尔赫斯：我和伊瓦拉、德里厄·拉罗谢勒在一起。我记得没有别人了。我们三个人出门散步，走到布宜诺斯艾利斯的河岸边。我记得我们从圣胡安和伯多路口出发，来到阿尔西纳桥，印象中是这样的。但是，我们应该也到过西边；尽管我觉得可能没有。我们一直朝着西南方向走，沿着阿尔西纳桥的方向。是的，因为我记得我们面前经过了……我们看到一小群马。噢，还是伊瓦拉告诉我的，因为我已经忘了。当时我说："祖国！"后面我接了一句粗话；但也不算是粗话，只是为了加强情绪，不是吗？

费拉里：不过，多有趣。博尔赫斯，让我们为这段关于荒原、平原、平川的对话找一个结论吧。

博尔赫斯：自杀者为我们提供了这句话。

费拉里：自杀者，德里厄·拉罗谢勒，用他的"水平的眩晕"给我们提供了结论。

博尔赫斯：来自我们的朋友的帮助，是的。

---

① 皮埃尔·德里厄·拉罗谢勒（1893—1945），法国小说家、散文家，1944 年自杀未遂，1945 年死于自杀。

阿道夫·比奥伊·卡萨雷斯

奥斯瓦尔多·费拉里：博尔赫斯，在文学方面，您曾经提到一段友谊，它让我们每个人获益无穷，因为正是这段友谊催生了几部作品和重要的译作。我指的就是您和阿道夫·比奥伊·卡萨雷斯长久的友谊。

豪尔赫·路易斯·博尔赫斯：是的。他的第一本书《莫雷尔的发明》的序言是我写的。我记得书名是为了致敬威尔斯的《莫罗博士岛》。我妹妹还为书的封面画了一张岛屿平面图。我还记得那是一座黄色的岛，在蓝色的海面上。而我写的序言……因为奥尔特加·伊·加塞特[1]说过，在我们这个时代，叙事情节已经很难引起人们的兴趣，再不会有新的寓言故事被创作出来了。然后我在《南方》杂志发表了一篇短评，明确指出本世纪出现了大量新的叙事情节。我想，我应该只提到了威尔斯——我谈到了威尔斯，谈到切斯特顿，还有卡

---

① 何塞·奥尔特加·伊·加塞特（1883—1955），西班牙哲学家、散文家，代表作有《堂吉诃德沉思录》《大众的反叛》。

夫卡的小说，这几个例子我还记得。我说这个时代的特点恰恰是对叙事情节的创造。而这之中，有一部写得很好的叙事作品，就是比奥伊·卡萨雷斯的小说。不过，我曾经认为合作写作是不可行的。但是，某个周日我到比奥伊家里吃午饭，那天午餐要推迟一个小时，比奥伊便说："我们去写小说吧，就是你想到的那个故事。我建议我们合作，一起将它写下来。"我答应了，不过只是为了证明合作写作是不可行的。于是我们开始写作，不一会儿就想出了那个后来叫作布斯托斯·多梅克的人物，还有苏亚雷斯·林奇[①]；我们让他们支配我们，然后开始写作。我不知道作品的想法分别出自谁——我想，大体上，情节是我想出来的；而词句，那些恰当贴切的词句，出自比奥伊·卡萨雷斯。不过，我也不确定是不是这样，当然有可能有一些句子是我的，有一些情节是他的。再说，我认为，合作需要合作双方忘记他们是两个人，不然的话，要么一方傲慢地坚持让对方接受自己的观点，要么一方总是礼貌地回应对方说得有理。我们应当把这些抛在脑后，客观地评判我们写下的内容、创作的结果。我和比奥伊·卡萨雷斯做到了。不过，最近我们决定放下……

费拉里：放下布斯托斯·多梅克。

博尔赫斯：放下布斯托斯·多梅克和苏亚雷斯·林奇，因为我们不是很喜欢他们写的东西，他们的巴洛克风俗让比奥伊感到厌烦。比奥伊曾教我欣赏古典派质朴的优点，可到现在我也不喜欢巴洛克风格。但是，每当我们开始写作，那个幽灵就会出现，它从我们的

---

① 布斯托斯·多梅克和苏亚雷斯·林奇均为二人合作时所采用的笔名，且均由二人先祖的名字拼凑而成。

对话里产生，不仅把控情节，还把控语句，将我们正在书写的文字引向巴洛克风格，让其变成我们正在书写的文字的“reductio ad absurdum”（反论题）。不过，总之我们有一段时间没有合作了。

费拉里：您还会继续写伊西德罗·帕罗迪[1]吗？

博尔赫斯：会的。奇怪的是，我们选择帕罗迪这个姓氏时，竟没有想到“帕罗迪”和“戏仿”二词的相似[2]，难以置信。我们当时想找一些听起来像克里奥尔人、不像意大利人的意大利姓氏。我想到，噢，比如“Ferry”听起来不像意大利人，“Molinari”听起来不像意大利人，“Parodi”听起来也不像是意大利人。

费拉里：当然，的确是这样。

博尔赫斯：是的。另外，我想到我的一位朋友说过，在他们那个年代，所有年迈的克里奥尔人都是外国佬，不是吗？（两人都笑了）在布宜诺斯艾利斯，外国佬的衰老，就是年迈的克里奥尔人的衰老。这是事实。

费拉里：而我注意到您和比奥伊的友谊是有益的，富有创造力的……

博尔赫斯：当然，事实确实如您所说。不过，我想说，友谊总是发生在年龄相差较大的作家之间，可能年长的那位是老师，年纪较轻的是学生。但我们之间不是这样的：老师是年纪较轻的那位，而我是年长的学生。我想强调这点，因为这是事实，不是谦虚的把戏，这是确实发生过的事情。毫无疑问，出于礼貌，比奥伊会否认这个

---

① 博尔赫斯与比奥伊·卡萨雷斯合著作品《伊西德罗·帕罗迪的六个谜题》中的人物。
② 在西班牙语中，“帕罗迪”（Parodi）和“戏仿”（parodia）两个词的拼写相似。

事实。因为按照人们的理解，年长之人才应当是老师。

费拉里：嗯。不过，博尔赫斯，您看待事情的态度确实更像一个学生，而不是老师。

博尔赫斯：啊，当然，是的。当人们称呼我为“老师”时，我会看向别处；当人们称呼我“博士”时我同样如此。我感觉他们是在和第三个人说话。因为我习惯称呼自己博尔赫斯，大众也叫我博尔赫斯——当然熟悉的人叫我乔基①，认识我的人同样叫我博尔赫斯。噢，除了我妹妹，她当然不会直呼我的姓。

费拉里：当然。谈到您和比奥伊·卡萨雷斯，二位的友谊是亲密无间的，我觉得这样的友谊非常特别。

博尔赫斯：很真实的友谊。不过，谈到这种友谊，我尤其会想到我和曼努埃尔·佩罗②、曼努埃尔·穆希卡·莱内斯的友谊。噢，佩罗甚至结婚一年多了才告诉我他结婚了。佩罗特别古怪：他一直认为结婚一事他已经告诉西尔维纳·奥坎波了。他们每天通电话，有一天他说：“哦，昨天我做了一个决定。”可是这句话可以有很多种解释，他却觉得自己已经告诉奥坎波他结婚了。所以，最后他就以这种既精辟又神秘的方式，通知了奥坎波：“昨天，我做了一个决定”（句号，结束），他认为自己说过他结婚了。

费拉里：（笑）总之，对他来说，这是不言而喻的。

博尔赫斯：对，不言而喻的，很明显。还有我和穆希卡·莱内斯的友谊也是如此。我们一直是非常好的朋友，非常好，可能……

① Georgie，博尔赫斯幼时的小名。

② 曼努埃尔·佩罗（1904—1974），阿根廷作家、记者。

每两年我们会见一面。特别是每当我做手术的时候，我在疗养院里度过了很长时间，做了许多次眼部手术，曼努埃尔·穆希卡·莱内斯都会在那里。而他离世的时候我在国外，回国后才得知他的死讯。

费拉里：我注意到，博尔赫斯，您有许多朋友，随时间的流逝，大家会再度相遇。比如，不久前您又见到了里卡多·科斯坦蒂诺。

博尔赫斯：是的，这是一件很美好的事情，另外，我们的家乡……他来自洛马斯[①]，我来自阿德罗格市，总之我们两个都是“南方人”。我们很久没有见面了，他给我打了电话，我也希望很快再见到他。他是一个杰出的人，不应该被忘记。哦，在这个国家，一切都会被渐渐遗忘，对吗？甚至是那些独裁统治，卑鄙行径，一切都将被通通遗忘或得到原谅，而遗忘本身就是原谅。这样一来，那些行为便不会受到制裁。当然，还有相当多不受制裁的事。

费拉里：有时候，我们会从遗忘转为迷惑不解，是这样吗？

博尔赫斯：很容易变成这样。再说，遗忘就是一种迷惑。

费拉里：现在，说到比奥伊·卡萨雷斯，是《南方》杂志或《幻想文学选集》让你们聚在一起的吗？

博尔赫斯：不是，不是《南方》。我认识比奥伊……是西尔维纳·奥坎波介绍我们认识的，当时奥坎波是他的妻子，也是我妹妹的朋友。不是，事实上不是因为《南方》。另外，大家过分夸大我和《南方》的关系了。我欠了维多利亚·奥坎波很多人情，但我在《南方》的出版方面做得并不多，我只在杂志上发表过几篇文章，而我的名字

① 洛马斯－德萨莫拉，布宜诺斯艾利斯省的一个县。

却出现在编委会名单上，因为它包含了拟定委员会成员时在场的所有人。因此有些和文学无关的人也在名单上，比如阿尔弗雷多·冈萨雷斯·加拉尼奥[①]和玛丽亚·罗莎·奥利弗[②]，我记得他们也是委会成员，仅仅因为他们当时也在场。

费拉里：后来《南方》向诸位请教过什么吗？

博尔赫斯：没有，我觉得没有。再说，很难向远在纽约的沃尔多·弗兰克[③]、马德里的奥尔特加·伊·加塞特、巴黎的德里厄·拉罗谢勒求教，这是不可能的。但是，没关系，它就像是一种向维多利亚·奥坎波致意的方式。

费拉里：更像一个监护委员会，可以这么说。

博尔赫斯：是的，对对，更接近于监委会（笑）；当然，现在更像监委会，因为它成了一个幽灵。只是这本杂志好像已经停刊了，我不确定，还在出版吗？我觉得好像没有了，对吗？

费拉里：我也不确定，因为出版周期很长，我们并不知道……

博尔赫斯：是的，它很容易在不确定的状态中就消失一段时间。嗯，不过一开始也是不定期出版，因为维多利亚·奥坎波的想法是一年出版四期，一个季度一期。但是，当然，这就没有周期性的感觉了，不是吗？每三个月才出版一期的杂志更像是一本书。

费拉里：博尔赫斯，我想多谈谈您和比奥伊·卡萨雷斯、西尔维娜·奥坎波合作的《幻想文学选集》。

---

① 阿尔弗雷多·冈萨雷斯·加拉尼奥（1886—1969），阿根廷画家、收藏家。
② 玛丽亚·罗莎·奥利弗（1898—1977），阿根廷短篇小说家、散文家。
③ 沃尔多·弗兰克（1889—1967），美国小说家、历史学家、政治家。

博尔赫斯：嗯，我认为这是一本值得赞扬的书，因为不同于北美文学，南美文学一直以来或多或少有点现实主义风格，或者说民俗主义。当然，卢贡内斯出版了一本幻想小说集，在南美大陆上开辟了新的流派；我指的是《奇异的力量》这本书，大概出版于 1905 年——我记日期总是很模糊。不过，总之这是第一本幻想小说集；他创作时受到了爱伦·坡的影响。但是，人人都能读爱伦·坡的书，却不是所有人都能写出《奇异的力量》，尤其是此前从没有人写过类似《伊苏尔》《阿布德拉城的马》《火雨》这样的短篇小说，它们是这本书里最优秀的篇目。后来他还写了一篇关于宇宙起源学的散文，几乎是爱伦·坡那篇同样谈论宇宙起源的《我发现了》的变体。然而，卢贡内斯那篇文章的标题有点谐趣，又有点怪异，是“十堂课讲宇宙起源论”。通常来说，一个人不会把课程和宇宙起源论联系在一起，不是吗？宇宙起源论，我想，意味着某种特别古老的东西；而课程不是这样的，是有关教学的，是当代的。此外，这说明了卢贡内斯是沉稳的，他相信自己能够教授宇宙起源学，而据瓦莱里说这是最古老的文学类型。他不仅能够讲授，而且只需十堂课。嗯，我也戏仿了一下。我为自己的书《幻想动物学手册》起标题时也这么做了；因为幻想动物学并不存在，更别说幻想动物学手册了，同样不存在。这二者多少算是同一类文学花招。费拉里，这点我是现在同您谈话时才意识到的。

费拉里：我们看到，卢贡内斯并没有培养自己的幽默感，但有时候有点古怪。

博尔赫斯：哦，他确实培养了，只不过我们说，没有达到幽默的效果。当他写“家庭女教师，一个苏格兰瘦女人 / 在肥胖的岳母身边完全就是个等边图形”[①]时，他的本意是制造幽默，结果反倒让人感到忧郁，不是吗？（两人都笑了）

费拉里：太严肃了。

博尔赫斯：“完全就是个等边图形”，他本想幽默一番，但我不知道是不是真的能引人发笑。

费拉里：翻译也是您与比奥伊·卡萨雷斯合作的一部分。通过翻译，二位引进了一些重要的作品。我记得有一些诗歌，以英语诗歌为主。

博尔赫斯：噢，对，西尔维纳·奥坎波肯定也参与了，对吧？

费拉里：她也参与了翻译。

博尔赫斯：是的，我确定。

费拉里：还有《幻想文学选集》。

博尔赫斯：是的，当然还有《选集》。这本选集是我们三个人一起编写的，但序言是比奥伊写的。我记得他在序言里引用了恩里克·班奇斯一整首关于老虎的十四行诗。那首诗花了很多笔墨描写老虎，谈论落叶缤纷的秋日……然后就像侦探小说或幻想小说那样，出其不意地在最后一行诗里写道：“这就是我的怨恨。”班奇斯在前文中从未提到怨恨，仅仅描写了老虎。比奥伊引用了这首诗，把它当作出其不意的范例。我不知道班奇斯会不会怨恨，我觉得不会。但是，不排除这种可能，因为像他这么内敛的人……

① 出自《感伤的太阴历》。此处可能为博尔赫斯口误，原文并不是“家庭女教师”，而是“保姆”。

费拉里：这种怨恨发生在老虎身上更容易让人理解，而不是班奇斯。

博尔赫斯：老虎的怨恨……也不是，我会觉得老虎的感情更像是狂怒，不过是一种天真的狂怒，因为怨恨意味着回忆和坚持。而我认为动物是生活在当下的，正如塞涅卡[①]观察到的那样。它们活在当下，无视死亡。因此，我想到威廉·巴特勒·叶芝有一句很美的诗："Man has created death"（死亡是人造的概念），意思是只有人类意识到了死亡，而动物是不死的，因为它们活在当下。

① 塞涅卡（公元前4—公元65），古罗马斯多葛派哲学家、剧作家，代表作有《论幸福生活》《美狄亚》等。

政治和文化

奥斯瓦尔多·费拉里：博尔赫斯，我们之前谈到过文化和伦理，特别说到了在文化中保持一定伦理态度的重要性。您见证了我国曾经出现的各式各样的文化形式和概念，所以我想就现在这个新的文化形式向您请教，即大众文化，就像我们在书展上看到的。

豪尔赫·路易斯·博尔赫斯：还有很多例子。比如，今年书展的主题是“加德尔[①]年”，这个新词竟没有让人望而却步；另外，书展致敬的竟是加德尔这样一个和图书毫无关系的人。我认为这些做法都是为了迎合大众心理，不是吗？显得特别马虎草率。但是，我的想法和《侍臣论》的作者葛拉西安[②]不同。与他相反，我认为精明的人才应该采用马虎草率的方法，因为大部分人都是马虎草率的。

---

① 卡洛斯·加德尔（1890—1935），阿根廷歌手、作曲家，代表作有《一步之遥》《回来》等。

② 巴尔塔沙·葛拉西安（1601—1658），西班牙黄金世纪哲学家、作家，代表作有《智慧书》。此处疑为博尔赫斯口误，《侍臣论》的作者为意大利外交家巴尔达萨雷·卡斯蒂利奥内。“巴尔塔沙”与“巴尔达萨雷”的西班牙语拼写一致。

比如，很明显，今年的主题是加德尔，哦，这就是一个马虎草率的决定。但是没关系，它完全行得通，正因为它的马虎草率。我认为，大多数人都会以为越精明越好，但这是错误的，不是吗？对策应该和对策的受众一样马虎草率才行。

费拉里：马虎草率的事物最容易被接受，我们可以这么说吗？

博尔赫斯：我想是的。所以，过于精明缜密并不好；做人得和马基雅维利[①]不同，不是吗？还要和追求机智敏锐的葛拉西安不同，否则就做错了。如果一个人行为举止敷衍了事，那么他很容易达到混淆视听的目的，因为他面对的也是一些马虎草率的人。于是，双方彼此相称。而太精细的思维可能起不了作用，反而无用武之地。

费拉里：您知道，换作几十年前，我们很难想象有什么活动能在十五天内聚集百万来人，就像去年的书展那样。

博尔赫斯：啊，是的。

费拉里：但是，或许正因为聚集了百万来人，那么如何经营这样大型的文化活动，显得尤为重要。

博尔赫斯：嗯，主办方的目的是迎合大众。

费拉里：现在我们正在谈论的是书籍，所以您一定记得过去几十年里，您曾说过书籍和作家几乎是隐秘的。

博尔赫斯：是的。好吧，现在我会说“隐秘的作家”是一种矛盾修辞手法。因为现在作家被认为是公众人物，像政治家那样的公众人物（笑）。尤其是如今广告宣传正不断发展。我肯定对您说过

---

① 马基雅维利（1469—1527），意大利政治家、哲学家、作家。

许多次：1914 年我们去往瑞士，作为标准的南美人，我们询问了瑞士联邦主席的名字。大家愣住了，盯着我们看，因为没有人知道。他们有一个高效的政府，但恰恰也是一个隐形的政府。反之，现在的官员时常出现在照片上；他们不仅会被别人拍摄到，自己也很主动，不是吗？当然了，跟随他们出行的也不只是保镖和随员，还有很多记者。这和普罗提诺[①]的做法相反，你还记得吗？我记得有一次我们谈到，人们想要为普罗提诺塑一尊半身像，普罗提诺说他不过是一个影子，他的形象的影子；他的塑像便是影子的影子。这段论述，几个世纪后被帕斯卡发现，就在画像的背面。帕斯卡说如果这个世界不是可敬的，世界的代表怎么会是可敬的呢。他不知道自己的话和普罗提诺的意思一样。

费拉里：说得很明白。

博尔赫斯：是的，我认为现在没有人会这么想了。一个没有肖像的人几乎是不存在的，不是吗？（两人都笑了）图像比真人更加真实。

费拉里：比现实更加真实。

博尔赫斯：对，比现实更加真实。

费拉里：不过，您说过，作家们认为他们本人越不大众化，他们的质量就越高，即他们所写的内容质量就越高。

博尔赫斯：是的，因为有一种观点是“happy few”（少数幸运儿），斯特凡 · 格奥尔格[②]有几句诗——我不记得德文是怎么写的，不过

---

① 普罗提诺（205—270），古罗马哲学家，新柏拉图主义代表人物。

② 斯特凡·格奥尔格（1868—1933），德国象征主义诗人，代表作有《心灵之年》《朝圣》。

迪埃斯·卡内多[1]翻译过这首诗："属于被选中的少数人的稀有奖赏。"嗯，这是一位诗人的理想。我认为这首诗的题目是取自亨利·詹姆斯的短篇小说 *The Figure in the Carpet*（《地毯上的图案》）。小说从一块地毯开始写起，地毯上的图案乍看之下是一片混乱的色彩和形状；接着，如果你仔细观察，就会看到其中隐含一种对称。于是，斯特凡·格奥尔格写了这首《生命之毯》。这首诗同那篇小说一样，写的是看似混乱无序的一切实际上是一个隐藏的宇宙，一个神秘的宇宙。于是他有了这个富有艺术性的想法："属于被选中的少数人的稀有奖赏"，有一点贡戈拉或马拉美的意思。他们都是有意把作品写得十分隐晦的诗人，因为他们不为普通人创作。

费拉里：您说得对。不过这个观点并不像人们通常认为的那样，与精英文化和大众文化相关，它其实与这二者无关。

博尔赫斯：对，我认为无关。他们的想法是，所有读者都应该尽力接近、理解这类看似隐晦的内容。

费拉里：他们的想法是让诗歌遇见读者，或者说，让一幅画遇见观众。

博尔赫斯：是的，况且读者还可以读阐释、解读文本的评论文章。噢，最近就有一个跟詹姆斯·乔伊斯相关的例子。我指的是乔伊斯的秘书斯图尔特·吉尔伯特写的那本书。还有一本书，书名有点奇怪，叫作《芬尼根的守灵夜的开锁器》。这本书是两个美国学生写的，他们在都柏林住了五六年，找到了所有埋藏在《芬尼根的守灵夜》

① 恩里克·迪埃斯·卡内多（1879—1944），西班牙后现代主义诗人、翻译家。

里的地点和都柏林相关历史。

费拉里：还提及了与乔伊斯相关的内容。

博尔赫斯：对的，还提及了乔伊斯。

费拉里：现在，文化被理解为一场表演，而不是灵魂静默的呈现，这是我们这个时代的特点。

博尔赫斯：是的，一切都被认为是表演。当然，表演也可以很精彩，也可以有美感。

费拉里：但是，很明显，我们正面临文化概念的巨变，以及文化呈现方式的转变。

博尔赫斯：啊，是的，大家都认为事物应该具有表演性，往大众化的方向发展；每个人都想成为"the man of the crowd"（人群中的人），就像爱伦·坡这篇著名小说的标题。

费拉里：也许这符合时代的变化，或者符合文化对政治的接纳。

博尔赫斯：恐怕后者更准确，对吗？因为现在政治似乎无处不在。

费拉里：是的……

博尔赫斯：比如，如今评判一位作家，大多看他的政治观点，而不是他的艺术水平。

费拉里：确实。

博尔赫斯：尤其是他最后的政治观点。最明显的例子就是卢贡内斯。可能每一种政治形式他都信仰过，但人们只记得他最后的政治立场。人们记住了他说的"刀剑时刻"，这是他最后的政治信仰。人们不记得，在此之前他曾是无政府主义者、社会主义者、支持协约国的民主主义者；后来，他还拥护过俄国革命，哦，这场革命承诺让所有人都亲如兄弟。最后，他醒悟过来，转而信奉“刀剑时刻”。人们记住了他最后的政治信仰，却忘了他并没有从这些政治转向中获得好处。任何一次政治转向都没有让他发迹。

费拉里：您看，有些学科，比如心理学、社会学和政治学，过去并没有获得如今的威信和影响力。我说的是在我们国家。

博尔赫斯：确实如此。不过，心理学……我父亲是心理学教师。哦，没什么人对心理学的话题感兴趣。但是我不知道现在人们正在研究的还是不是心理学。

费拉里：大多是社会心理学。

博尔赫斯：社会心理学，然后每当进行个体研究的时候，还是坚持从情欲的角度进行分析，不是吗？比如弗洛伊德的理论。

费拉里：好像人们对艺术、文学和精神的关注不像对这些领域的关注那么多。

博尔赫斯：很不幸，您说的是对的。

费拉里：甚至可以这么说，有时候人们认为文化和精神作为附属品应该服务于这些学科。

博尔赫斯：我们甚至不知道社会学是不是真的存在，或者只是一门想象的科学。从社会学现有的成果来看，它是不存在的。因为，在此之前，还没有人谈论经济学家的时候，国家曾取得了很大的发展；现在几乎人人都在谈论他们，而那些专家的成果却毁了这个国家。但人们不在乎：还在谈论他们，坚信经济学。或许比起炼金术，它确实没有那么多幻想性。

费拉里：是的，它被称为“社会科学”，但可能不是科学。社会学始于奥古斯特·孔德[①]。

博尔赫斯：是的，只是直到现在我们也不知道它是否取得过什么成绩。

费拉里：当然，我们不知道它有没有发展成真正的科学。不过人们仍在这个标签下开展研究。

博尔赫斯：似乎冠上“科学”这个词就足够了，不需要知道它到底是不是一门科学。

费拉里：于是，我们看到，人们对待文化的方式发生了很大的改变；之前，我们可以说那是一种安静的方式……

博尔赫斯：有效的方式。现在则是喧闹的、徒劳的。不过，主要是太喧闹，这是最关键的。

费拉里：是的，这种喧闹最终会将我们每个人卷入其中。

博尔赫斯：对，不但让我们感到慌乱，还将我们裹挟……带往深渊——可以用这样一个简单的比喻。

费拉里：但是，就我们刚刚谈到的伦理和文化的联系，依您看，无论如何，这种联系对我国文化的命运都是至关重要的。

博尔赫斯：是的，我认为如果每个人都想做一个讲伦理道德的人，并为之努力，现在我们应该已经做成很多事了。因为不管怎么说，整体的行为取决于个体。

费拉里：正是。

---

① 奥古斯特·孔德（1798—1857），法国哲学家、作家，被誉为“社会学之父”。

博尔赫斯：有时候，我觉得我也对这些事情负有责任。尽管我知道严格来说并不是这样的，但从某种程度上说我应当负责。很多时候，我是受害者……也是同谋，懒惰的同谋，观察优秀典范的同谋。一个人会对许多事情妥协。

费拉里：许多年前，当您从美国回来，您说您在我们中间看到了一些积极的东西，其中就有对话的能力，产生对话的可能。

博尔赫斯：是的，对话是一门在美国已经消失了的艺术。我想到我的一位朋友，奥梅罗·古列尔米尼①，他曾经住在马德普拉塔②。他对我说："这是一座没有对话的城市。"当时我想，这太令人悲伤了。马斯特罗兰迪③也和我说过类似的话，用不同的说法，他说的是瓜莱瓜伊④市。那么，人们在小城市里做什么呢？好吧，人们就像阿隆索·吉哈诺，只和理发师、神父、外甥女、管家婆对话；再好一点就是和参孙·卡拉斯科⑤对话。自然，在这种情况下，比起接受那里的一切，人们更愿意成为堂吉诃德，像他那样疯狂。否则，厌倦情绪一定也会把他推向堂吉诃德。我说的不只是他阅读骑士小说的行为，而是实际上他已经无法继续住在那个地方：塞万提斯不愿提及的拉曼却的某个地方。阿隆索·吉哈诺一生中最紧张充实的时光一定是在他阅读骑士小说的时候。

费拉里：毫无疑问。

---

① 奥梅罗·古列尔米尼（1903—1968），阿根廷哲学教授。

② 阿根廷沿海城市，位于布宜诺斯艾利斯省。

③ 卡洛斯·马斯特罗兰迪（1901—1976），阿根廷记者、诗人、翻译家。

④ 阿根廷恩特雷里奥斯的县城。

⑤ 堂吉诃德的邻居。

博尔赫斯：其他时候肯定非常乏味。塞万提斯没有提到这段时间内发生的任何事情，这就是证据，除了他对农妇阿尔堂萨·洛伦索的含糊不清的爱。但就连这点也不是很明朗：农妇似乎对此从未察觉。因此，阅读骑士小说是他人生中最充实的时光。有时，我想，从这个意义上说我也是阿隆索·吉哈诺，因为阅读给我带来了太多幸福。但现在，很不幸，唉，我成了一个流放的阿隆索·吉哈诺：因为我的身边是一座遥不可及的图书馆。

费拉里：嗯，但是别人可以为您读这些书。

博尔赫斯：不过，当然啦，我很感谢您所做的一切。

费拉里：最后，您是否认为，我们曾经有过进行对话的能力，至少几年前……

博尔赫斯：也许现在它正在慢慢消失，不是吗？

费拉里：但这也说明了我们具备某种形式的文化力，它应该接受伦理道德的考量，以便更好地发展下去。

博尔赫斯：是的，但是由于如今我们受到电视、广播的侵扰……也许我不该批评媒体，毕竟我们还得继续使用它们，不是吗？不过，谁说不是呢。

费拉里：有一次，您说一切取决于怎么使用它们。

博尔赫斯：当然，媒体本身没有好与坏。这就好像人们可以说某段文字写得好，或者写得不好，不过不可能说印刷术不好，因为印刷使图书数量的增加变得容易。现在可能已经有太多图书了。再说，现在随便一本书都能立马出版。而在此之前，人们只能亲手抄写；于是，抄写文章之前，人们会稍做思考。现在不同，只要几天时间，图书便一本接一本被复制出来，于是就有了成百上千册的图书。这将成为一种公共危机。国家图书馆需要收藏所有图书。

费拉里：（笑）不管怎么说，我们感受到的文化氛围的喧闹，以及不和谐，都是源自印刷业的诞生？

博尔赫斯：是的，我读过一位意大利藏书家的书，他精心布置了一个藏书馆，里面找不到哪怕一本印刷的书。现在，我想象最早的印刷图书一定特别难看。手抄本则不同，它们有优美考究的书法。最早的印刷图书应该会非常非常难看，做工粗糙。

费拉里：如您刚才所说，我们能够从书法里感受到人类的双手。

博尔赫斯：是的。

费拉里：而机器却无法做到这点。

博尔赫斯：最早的印刷书籍出自机器，而且是刚刚发明出来的、特别笨拙的机器。

萧伯纳

奥斯瓦尔多·费拉里：博尔赫斯，在您和比奥伊·卡萨雷斯共同编写的书里，我读到几句萧伯纳的话，我说的是《天堂与地狱之书》。我认为这短短的几行字，比起我们在同一本书里读到的其他作品来说，理解起来相对容易一些。

豪尔赫·路易斯·博尔赫斯：我不知道有哪些文字是难以理解的……噢，当然有，圣托马斯的文字。是的，我记得。对，我和好多人这么说过，但他们不相信我，他们觉得不可能。我不知道他为什么这么写。

费拉里：是的，我说的正是这几行，几乎是不可理解的。但是这一次，我们可以证明这本书比想象中的好懂。

博尔赫斯：嗯，如果只看这几行字的话……

费拉里：（笑）就会令人迷惑。

博尔赫斯：当然，这本书让人迷惑，是的，就像迷宫一样，是无法穿越的。

费拉里：萧伯纳说："我已经摆脱了天堂的贿赂……"

博尔赫斯：出自喜剧《芭芭拉少校》，这是芭芭拉少校说的，关于她参加的救世军。是的，她并不是"抛下了天堂的贿赂"，而是抛下了行善会获得奖赏的想法；同理，还有犯罪会受惩罚的忧惧。她是这样摆脱天堂的贿赂。当然，天堂实际上就是一种贿赂，而地狱就是一种威胁。我们说不清这二者哪一个更低劣，威胁还是贿赂，它们似乎都是道德低下的行径。

费拉里：萧伯纳继续说："让上帝的作品自己完成吧。这件作品被创造出来是为了让我们执行，因为只有活着的男人女人才能执行。当我离开这个世界时，希望欠债人是上帝，而不是我。"

博尔赫斯：最后一句话特别美。

费拉里：很美。

博尔赫斯："希望欠债人是上帝，而不是我。"而且这种将某物赠送给一个无限之神的想法很美。因为尽管一切都是上帝的，但人可以赠送他礼物。

费拉里：只有他能想出这样的点子，对吗？很独特。

博尔赫斯：是的，令人惊讶的想法，但它带来的远不止惊讶。我想没有人注意到萧伯纳的美学特质。人们总把他看成天才，但是除此之外，他还有智慧和正义感。这两点被人们遗忘了。也许他的才华在某种程度上遮蔽了其他的特质，不是吗？

费拉里：包括他对哲学和伦理学的兴趣。

博尔赫斯：对，我想是的，还有他对人物的创造。您看，萧伯纳的人物是独立的；很多人物的思考方式不同于萧伯纳本人，但是我们能感受到，这些人物对他来说都是有生命力的。

费拉里：是的。我记得您说过，这些人物超越了我们这个时代的艺术能想象得到的任何一个人物。

博尔赫斯：您是说小说的主角。是的，因为小说这一形式特别关注人性的弱点。我想到了一些伟大的小说家：比方说陀思妥耶夫斯基，他就对人性的弱点感兴趣。他的想法比较浪漫：您看，在《罪与罚》里，男主角是杀人犯，女主角是妓女。这不可能出现在萧伯纳的作品中，他对罪行没有任何浪漫的偏好，但陀思妥耶夫斯基有——尽管他可能会否认这项指责。正是在陀思妥耶夫斯基身上，我们能看到对恶的崇拜；在他的《群魔》里也能看到他对邪恶的喜爱。波德莱尔也是如此，还有拜伦。但是萧伯纳不一样，萧伯纳是个内心光明的人；此外他还是伟大的创作家，创造了大量虚构的文学人物。

费拉里：总的来说是这样的。显然，萧伯纳的观念不是宗教性的，而是伦理性和哲学性的。

博尔赫斯：但是，他能创造信仰宗教的人物。比方说，毫无疑问，芭芭拉少校在一定程度上是信仰宗教的，圣女贞德也是，不是吗？他们是信教的。创造既高尚又真实的男女主角是很困难的。我想，她们是萧伯纳怀着真诚恳切之情构造出来的人物。毫无疑问，萧伯纳有一个伟大的灵魂——如果“伟大的灵魂”有什么含义的话；不过他确实有一个慷慨的灵魂，和杰出的创作天赋。他的作品……太美妙了。比如，《千岁人》是一种世界历史，从伊甸园开始讲起，然后再让万物回归上帝。同为爱尔兰人的司各特·爱留根纳有相似的观点，即万物回归上帝。维克多·雨果也有同样的想法，他有一首很美的诗歌，叫作《阴影之口如是说》；阴影的嘴巴借助大量的譬喻——我们期待的譬喻，我们确实也发现了很多——讲述新的宇宙起源论：世界被创造出来，最后万物回归上帝。魔鬼也回归了，怪物也回归了。维克多·雨果用绚丽的诗句将这一切描写得如此生动。万物回归上帝。在《千岁人》的最后一幕，一切造物回归神，并且没有人知道以后将发生什么。

费拉里：是的。不过，之前我们已经说过，一些爱尔兰人拥有批判的才能，尤其萧伯纳和王尔德，他们是英国有批判能力的两个人。

博尔赫斯：爱尔兰这个国家的确很出色，不是吗？它是一个贫穷的国家，地图边缘的一座岛屿，可那里有如此多的天才，并且每个天才都是完全不一样的：威廉·巴特勒·叶芝和萧伯纳有什么共同之处呢？我会说完全没有，除了二人都是天才；或者，奥斯卡·王尔德和乔治·摩尔、斯威夫特和司各特·爱留根纳。这座孤岛产生了多少天才啊。

费拉里：威灵顿公爵，我想……

博尔赫斯：还有威灵顿公爵，当然。他在战争问题上是怀疑论者，因为他不允许人们描写滑铁卢战役，那次战役给他留下了可怕的回忆。

费拉里：不过，之前我和您谈到过，王尔德认为萧伯纳是一个没有激情的人。

博尔赫斯：不，我认为不是这样。

费拉里：他认为，正是因为这样他才对萧伯纳的作品不太感兴趣。

博尔赫斯：他们俩是亲密的朋友。萧伯纳曾试图为王尔德辩护，但是没有找到任何能帮上忙的人。他们找莎拉·伯恩哈特[①]签署一份我也不知道是什么的文件，她当时在伦敦，她拒绝了，因为她是外国人，不能掺和进来。总之，她不想签字。一共有两个人打算帮助王尔德，一个是弗兰克·哈里斯，总之是一个没什么影响力的人；另一个就是萧伯纳。好像就没有其他人了。

费拉里：是的，而您和我说过，萧伯纳的激情在于思考。

博尔赫斯：是的，在《谁是谁》这本书中，受访者需要写下自己业余时间做的事，他写的是"思考"。

费拉里：嗯，这是证据之一。然后，我们谈到萧伯纳的另一面，即他的政治立场。我认为萧伯纳拥护的是社会主义。

博尔赫斯：他是费边社[②]的创始人之一。他认为应当暂缓革命，政府会自行倒台，不需要发起革命。然而，在1985年的今天，政府前所未有地令人痛心，不是吗？政府表现出空前的压迫性，可以说是无孔不入、无休无止的存在。现在离了政府没人能前进半步。然而，在十九世纪人们可不这么认为，当时政府正处于自我损耗的疲乏期；现在没人想看到这种情形了。

费拉里：没人想看到了。此外，他说也许革命将由富人发起。

博尔赫斯：对，对，因为他认为资本主义受到两种恶意的影响：

---

① 莎拉·伯恩哈特（1844—1923），法国著名演员。

② 1884年创立于英国的民主社会主义团体。

对穷人来说，当然是贫困；对富人来说，是厌恶。在这二者中，忍受贫穷可能比忍受厌恶更容易些。因此，革命将由富人发起。这件事目前看来不太可能，对吗？现在我们处在一个如此贪婪的世界里。但是通过政府来评判一个国家也许是不公平的。比如，我认为我们这个时代的罪恶之一就是民族主义。但是人们不会这样想，除非有人让他们发表见解，否则他们或多或少会有阅读其他国家、其他时代的书籍的意愿，不会一直处在封闭环境中。然而政府不同，政府的工作就是守住界限。人们不会这么做。一部电影如果在纽约大获成功，毫无疑问在阿根廷或伦敦也会大获成功，条件允许的话在莫斯科同样如此。我觉得政府总是对应一个国家陈腐、落后的时代。典型的例子就是所谓的纳粹主义，它来自费希特[①]和卡莱尔的思想。只是，这种思想在当时没有引发任何革命，在我们时代则产生了革命；我们有希特勒和墨索里尼，从一定程度上说他们是卡莱尔所尊崇的英雄形象。当我们谈论政治史的时候，眼前发生的一切无疑是早已无人渴求的前人的愿景，除了政客（两人都笑了）。

费拉里：回想萧伯纳会给您带来灵感，对吗？萧伯纳还有一点让我觉得很好：他说，他的话是他从大街上听来的，比如别人说的话。

博尔赫斯：是的，这是他的谦辞。不过，人们常常会在街上听到令人印象深刻的话。嗯，我们也有过这样的经历。有人说智慧、美和幸福并不稀有，它们时时刻刻窥探着我们。关键是我们需要敏锐地觉察到它们的存在。

---

① 约翰·歌特利布·费希特（1762—1814），德国作家、前康德主义哲学家。

关于电影

奥斯瓦尔多·费拉里：博尔赫斯，我曾读过一期《南方》杂志，上面刊登了几篇您写的短评，关于 1931 年到 1944 年间在阿根廷上映的电影。

豪尔赫·路易斯·博尔赫斯：嗯，我不只写过这几篇，但是这位编辑——我不知道是谁——没有查阅另外两本杂志：一本是卡洛斯·维加[①]主编的，另一本是西格弗里多·拉达埃利[②]主编的。这两本杂志上有我发表的许多短评；而我在《南方》上只是偶尔发表几篇。不知道为什么，《南方》杂志上的文章再版了，其他杂志上的文章却被搁置在一旁。但是，它们毫无疑问是有价值的。

费拉里：说明您对当时电影的了解挺全面的。

博尔赫斯：每周我至少看两场电影。我记得，有声片出现的时候，我们都感到很可惜，因为很快电影就被歌剧取代了。珍妮特·麦克

① 卡洛斯·维加（1898—1966），阿根廷音乐学者、民俗学者。

② 西格弗里多·拉达埃利，阿根廷诗人、编辑、评论家。

唐纳[①]、莫里斯·舍瓦利耶[②]等一些我不愿记起的人取代了之前那些杰出的演员。我们想，多可惜啊，在约瑟夫·冯·斯坦伯格[③]、施特罗海姆[④]、金·维多[⑤]时代，电影在一定程度上已经接近完美；歌剧出现后，一切辉煌都消失了。噢，真是一大遗憾。

费拉里：不过，您习惯在同一篇文章里评论多部电影。比如，在同一篇文章里，您提到了德国电影《凶手卡拉马佐夫》、卓别林的《城市之光》和冯·斯坦伯格的《摩洛哥》。

博尔赫斯：哦，之前我没有注意到，不过可能是这样的。当然，我需要写够字数。此外，我是在看完电影的第二天写下这些短评的，人们看完电影后会有和别人讨论一下的欲望。

费拉里：讨论所看的电影，当然。

博尔赫斯：是的，我肯定是在和朋友们谈论这些电影后，借此机会写下了短评。我不记得当时我是怎么说的了，也许现在我并不认同自己说过的内容。比如，我对奥逊·威尔斯[⑥]的《公民凯恩》的评论就很不恰当。这是一部杰出的电影，但不知道为什么，我居然会写出这样一篇不大妥当的短评，很草率。当时我有充分的自由度，因为《南方》的氛围就是这样，作者可以写任何他想写的内容……嗯，当然，虽然维多利亚·奥坎波负责这本杂志，但她不会审查，可以

① 珍妮特·麦克唐纳（1903—1965），美国歌舞剧、轻歌剧演员。
② 莫里斯·舍瓦利耶（1888—1972），法国歌手、演员。
③ 约瑟夫·冯·斯坦伯格（1894—1969），美国著名导演，代表作有《蓝天使》。
④ 埃里克·冯·施特罗海姆（1885—1957），美国著名导演，代表作有《日落大道》。
⑤ 金·维多（1894—1982），美国著名导演，代表作有《哈利路亚》。
⑥ 奥逊·威尔斯（1915—1985），美国导演、演员、编剧、制片人，代表作有《佐杜洛夫斯基的沙丘》《公民凯恩》。

这么说。何塞·比安科和他之前的卡洛斯·雷勒斯都给了我们充分的自由。

费拉里：在另一篇文章里您谈到金·维多的《街景》，还提到几部俄国电影，如爱森斯坦[①]的《十月》和《伊凡雷帝》。

博尔赫斯：对，我还记得《十月》。《伊凡雷帝》有两部。当时政治动荡不断，电影先讲了沙皇的凶暴……当然，之后就发生了革命。但是后来，随着革命势力日益强大，俄国的权力和历史变得模糊了；只有政府。对于政府，两部《伊凡雷帝》，一部持肯定态度，一部持否定态度。有意思的是这两部电影都由爱森斯坦执导。爱森斯坦关注政府的动荡，拍了一些很好的电影，而且每一部都是不一样的。

费拉里：除了这几部，还有《战舰波将金号》，博尔赫斯。

博尔赫斯：是的，不过我认为这不是一部写实的电影，对吗？

费拉里：是的。

博尔赫斯：当然，因为我记得，哦，船员们发动起义，把军官们丢入大海。这像是一个喜剧片段，因为军官们显得滑稽可笑：一个人戴着单片镜，另一个人戴着眼镜。总之他们要的就是这个效果。后来他们炮轰敖德萨市，而唯一阵亡的只有雕像的柱子。他们没有杀死任何人，因为这是一艘革命的装甲舰，是不能杀害任何人的，不是吗？然而，这部电影被称为现实主义电影，很明显这是不对的。此外，它还有俄国电影普遍的缺点，就是不能容忍任何微妙的变化。

---

① 谢尔盖·爱森斯坦（1898—1948），苏联导演、电影理论家，被誉为“俄国电影之父”，代表作有《战舰波将金号》《十月》。

比如：善和恶，所有的善在一边，所有的恶在另一边。这样的电影是拍给特别无知的人看的，不是吗？但是，俄国电影人对摄影也特别感兴趣，所以电影的视觉效果很好。不过，自然，电影人物没有任何特点，形象都很单一。

费拉里：您准确地肯定了演员和摄影的工作。

博尔赫斯：是的，因为这才是最重要的。其他都是特别基本的工作。当然，在西部电影里也会这样：一边是善，另一边是恶，不是吗？但是美国电影总有一股慷慨之气。反之，俄国电影没有。比如，战争题材的电影：所有的善在一边，所有的恶在另一边；毫无慷慨，毫无公正。

费拉里：不可思议的是，我发现您曾经对阿根廷的两部电影大加称赞（笑）。

博尔赫斯：一部是路易斯·萨斯拉夫斯基[①]的电影，对吗？

费拉里：正是，路易斯·萨斯拉夫斯基的《逃亡》。

博尔赫斯：电影里没有本地色彩，我想我欣赏的正是这点。影片中有一个庄园的画面。电影告诉我们这是一个庄园，但略去了一切展现乡村风光的场景，尤其是驯马等这类壮观的场面。完全没有这些。

费拉里：另一部是马里奥·索菲西[②]的《土地的奴隶》。

博尔赫斯：……嗯，当然。这部电影的导演是乌利塞斯·佩蒂特·德穆拉特，对吗？

① 路易斯·萨斯拉夫斯基（1903—1995），阿根廷导演、剧作家。
② 马里奥·索菲西（1900—1977），阿根廷导演、演员、编剧。

费拉里：我想他应该是参与了电影的制作……

博尔赫斯：或者，他和这部电影有什么关系[①]，是的。噢，我们曾经是好朋友，可能是因为我们的友谊……（笑）

费拉里：（笑）嗯，不过，您说《土地的奴隶》胜过我们这个和顺的共和国出品过和赞扬过的所有电影。

博尔赫斯：啊，我是这么说的吗？当然，我是在做形容词的游戏。因为“和顺”（resignada）很适合用来描述我们国家，对吗？比如，要是我用“温顺”（sumisa）……不行，最好说“和顺”。惯于顺从，特别是顺从任何一个政府。这是阿根廷典型的现实，不是吗？对，这是对权力的崇拜。不过，这类顺从美其名曰“克里奥尔的精神”。当然，践行这一原则时，我们会说：不，某某人还活着，因为这种方式更适合他。但是，实际上，这是胆小的行为。大部分情况下都是如此。不过，我不知道自己是否有资格这么说，因为我几乎不看阿根廷电影。那个年代没有人想看国产电影。有人和我说，在法国，很长时间里人们不想看法国电影，他们只是出于责任感才去看本国电影，他们觉得美国电影更有意思。

费拉里：观众想在电影里看到其他的世界，不同于他们生活的世界，很可能是这样。

博尔赫斯：可能是这样，对的。

费拉里：还有，将这些文章汇集到这期《南方》上、谈论您与电影的人，是埃德加多·科萨里伊斯基[②]。

---

① 乌利塞斯·佩蒂特·德穆拉特（1907—1983）是《土地的奴隶》的编剧之一。

② 埃德加多·科萨里伊斯基（1939—　），阿根廷作家、电影导演。

博尔赫斯：噢！科萨里伊斯基，对。我问过他，为什么不读读我在拉达埃利和卡洛斯·维加的杂志上定期发表的文章，他说他没读过那几本杂志。

费拉里：在一本书的前言，他坚定地说，这叫“叙事的部分魔术”……

博尔赫斯：噢，当然，这是引自我的《吉诃德的部分魔术》，这篇文章讲的是，在堂吉诃德看似现实的世界中，有一点魔幻的地方。读者会看到现实里面仍有一丝魔幻。

费拉里：在那篇前言里，科萨里伊斯基说，您的散文的实质是叙事练习。

博尔赫斯：啊！可能的确是这样，不过我自己没有意识到这点。的确，我写了《恶棍列传》，在这本书里，我小心翼翼、怀着几分胆怯地尝试叙事，尝试写故事，是的。可能也是在写这本书时，我努力写故事，同时又不够果敢，因为我……我多么喜欢短篇小说！特别是吉卜林、史蒂文森和切斯特顿的短篇小说。曾经我认为自己没有能力处理这类文体，好多年来都是如此。所以，当时我选择以间接的方式开始小说的创作。

费拉里：通过散文的方式。

博尔赫斯：是的。比如《恶棍列传》，我假装自己讲述的一切都是历史。然而，事实上书里的内容经过了虚构和改编，不断被歪曲……啊！不过科萨里伊斯基意识到这点了吗？

费拉里：是的，他补充道……

博尔赫斯：科萨里伊斯基说了什么？

费拉里：不知道。不过他说，在您看来，虚构和非虚构，两种叙事类别并没有孰轻孰重。

博尔赫斯：当然，因为我正利用非虚构创造虚构。

费拉里：当然，他没说错。

博尔赫斯：是的，但是我完全没有意识到。他其实比我更加敏锐。

费拉里：嗯，他以《长城和书》为例。

博尔赫斯：嗯，《长城和书》算是一篇散文吧。不过我觉得或多或少还是有一定可信度的，尽管没人能证明。

费拉里：有很多猜测。

博尔赫斯：对，但这些猜想会成为诡计，不过我认为是正当的诡计。奇怪，我竟不知道他的这本书。

费拉里：这本书叫作《博尔赫斯和电影》。

博尔赫斯：啊！我还真不知道。不过，如果有机会能和他谈谈，我会和他说，不用去看《南方》杂志了，我写的电影评论短文只有寥寥数篇发表在那上面。我会让他去看看西格弗里多·拉达埃利的杂志《扬声器》，还有卡洛斯·维加的杂志。维加是乐评人，也是音乐家。我曾经带卡洛斯·维加到帕雷德斯的家里，帕雷德斯弹了几首维加没有听过的米隆加曲子，是几位……不知名的民间歌手写的。这几首曲子还能在一张音乐光盘里回响，多美妙呀。

费拉里：博尔赫斯，当您谈到假如能够复明，自己打算做什么的时候，我注意到您立马想到了书籍，而不是电影。

博尔赫斯：总之，我认为没有哪部电影比得了《不列颠百科全书》，或《布洛克豪斯百科全书》，或加尔赞第的《欧洲百科全书》，不是吗？我认为哲学的历史无与伦比。

费拉里：然而，您似乎对电影产生了真正的兴趣。

博尔赫斯：是的，我非常喜欢电影，每周去两三次电影院。这让我回忆起我的朋友们，回忆起曼努埃尔·佩罗、艾德·兰格……

费拉里：还有比奥伊·卡萨雷斯，比如。

博尔赫斯：是的，我们和西尔维纳·奥坎波看过许多场电影，我都快忘了。噢，我父母也很喜欢电影。我记得有一次我们同我父母、卡洛斯·马斯特罗兰迪去电影院。电影院里有几位钢琴演奏者，因为那是一部默片，演奏者会大致跟着情节演奏。但是，电影还没有开始，他们就开始弹奏曲子《恩特雷里奥斯的人》。这时，来自恩特雷里奥斯州的马斯特罗兰迪看看同样来自恩特雷里奥斯州的我父亲说："我们相认了，博士。"

再谈格鲁萨克

奥斯瓦尔多·费拉里：之前，博尔赫斯，我们谈到保罗·格鲁萨克时，我说我觉得您把他看成一位文体家。

豪尔赫·路易斯·博尔赫斯：是的，我认为格鲁萨克最出色的地方就是文体。不过，可能有人会说阿方索·雷耶斯的文体也很出色。意思是，格鲁萨克利用文体这个工具展开叙述，在他讲述的内容之外，文体独立存在，而创造一种文体并非易事。此外，他是所有人的老师……他将法语视为模范。他认为西班牙语，或说卡斯蒂利亚语，不像法语那样得到了精心培养，我认为他说得很有道理；不然就是我们发展这门语言的方式是错误的。因此，他从法语开始研究。他认为如果卡斯蒂利亚语能像法语那样简洁、优雅、节制，它将取得很大进步。事实上，不论有没有读过格鲁萨克的书，作家们都是这样想的。毫无疑问，西班牙文学中最大的运动是现代主义。正如马克斯·恩里克斯·乌雷尼亚[1]在他

[1] 马克斯·恩里克斯·乌雷尼亚（1886—1968），阿根廷作家、外交家。

的《现代主义简史》中论述的，这场运动产生于大西洋西岸，启发了西班牙多位伟大的诗人；因为我们有这些伟大的人物，比如，我们会谈到被卢贡内斯称作老师的鲁文·达里奥[①]，我们会谈到卢贡内斯，哈伊梅斯·弗莱列[②]……噢，我们还会谈到很多人。他们每个人都在美洲这片土地上写作，然后启发了西班牙多位伟大的诗人。我记得我和西班牙最杰出的诗人之一胡安·拉蒙·希梅内斯[③]交谈过，他向我坦言，自己在读过卢贡内斯发表于1897年的《群山自黄金》后惊奇不已。他把书推荐给他的朋友们，他们也倍感惊奇。然后，胡安·拉蒙·希梅内斯成为……一位比卢贡内斯更出众的诗人。但这有什么关系，毕竟卢贡内斯曾经激励他的创作。然而，有人会说现代主义仅仅是对魏尔伦和雨果的模仿。但是把一门语言的音乐感带到另一门语言中已经非常困难了，而格鲁萨克的卡斯蒂利亚语散文，就仿佛优秀的法语散文，是用此前未经实验的语言写下的。然而，如果必须选出格鲁萨克的一本书——哦，我已经为我即将编写的选集选好一本了——就是《文学批评》。这本书的前两篇是关于塞万提斯的演讲文章，令人钦佩，是我读到的关于塞万提斯最好的文章。此外，在那本书里，在整本书中，总体上没有夸张的修辞、没有论断，而是对各种书展开讨论。卡斯蒂利亚语的危机之一就是这门语

① 鲁文·达里奥（1867—1976），尼加拉瓜诗人、记者、外交家，代表作有《生命与希望之歌》。

② 里卡多·哈伊梅斯·弗莱列（1866—1933），玻利维亚裔阿根廷诗人、历史学家、外交家。

③ 胡安·拉蒙·希梅内斯（1881—1958），西班牙诗人，1956年诺贝尔文学奖获得者，代表作有《小银与我》。

言容易下结论。然而，格鲁萨克没有这样做，在他那里卡斯蒂利亚语成了一件精密的仪器，供他细心钻研。格鲁萨克的目标有点奇怪，他向往成为一个著名的法国作家；他的命运却是另一番模样：讲授法语的节制……

费拉里：在普拉塔河流域。

博尔赫斯：在整个南美洲，因为美洲最杰出的作家之一阿方索·雷耶斯就是他的学生。当然，格鲁萨克当时可能写过“在南美出名可能仍是个无名之辈”。他说这句话的时候，情况确实如此。现在就不同了，一个南美作家也会在全世界获得声誉；但是这在当时是不可能的。因此格鲁萨克觉得很挫败。他不知道他已经完成了另一项使命，就像我们所说的，成为法国文化在这里的使者。毫无疑问，法国文化在我们中间产生了积极的影响。法国文化在这里盛行之后，也在西班牙流行起来。因为尽管西班牙在地理位置上紧挨着法国，但实际上比我们离法国更远，比南美洲离法国更远，特别是以前。不过，可惜现在这里已经没人研究法国文化了。因为，据说英国取代了法语，但这是不正确的。学习法语正是为了享受这门语言。而学习英语不是为了享受德·昆西、莎士比亚等作家的作品，学习英语是出于商业目的。这是完全不同的。另外，格鲁萨克是一个杰出的历史学家。我想特别提一下利涅尔斯写的格鲁萨克的传记，这本书写得很动人。还有他收录在《精神之旅》中的散文。书名不是太好，不过书的内容很好，这才是最重要的。他写的关于阿根廷历史的散文也是如此。所有这些为我们带来了既轻松又愉快的阅读体验。在那个时代，西班牙语写作偏向于巴洛克风格，就是说，浮华的风格。

而格鲁萨克的风格不浮华，他的作品语言精练，还有讽刺的意味。

费拉里：他将法语看成典范，这会不会正是他否认十九世纪北美文学的原因呢?

博尔赫斯：嗯，只能这样解释了。

费拉里：当然。

博尔赫斯：这是因为，他崇拜莎士比亚，也许还继承了雨果的文学遗产。不过，对他而言，莎士比亚是最杰出的作家。我记得在那本《文学批评》里，有一篇关于莎士比亚的研究文章，写得很出色。那篇写的是关于莎士比亚的《暴风雨》。此外，还有一篇关于弗朗西斯·培根的文章。关于这些作家和作品，格鲁萨克都写出了特别优秀的评论。他的书读起来让人感到愉快。我注意到，对西班牙语文学的喜好是需要慢慢培养的，至少在我国是这样的，阅读西班牙文学让我们觉得吃力；反之，法语文学就不是这样的，法语文学好像很容易让人亲近，意大利语文学和英语文学也是。不过，法语文学更突出。西班牙语文学则不同，让我们觉得有些费劲。我和阿方索·雷耶斯谈过此事，雷耶斯说原因就是：当读者阅读一本法语书时，他会意识到这本书是用外语写的，书的作者有和自己不同的文化背景，便会期待书中出现不一样的东西。而谈到西班牙语的书，由于我们使用的是相同的语言，读者的注意力就会集中在差异上，而这些差异会引发冲突。雷耶斯对我说，我们之所以对西班牙语文学持这种态度，是因为我们很难认可其中的差异和相似。反之，如果我们期望看到的是全然不同的东西，我们便会发现差别并没有这么大，甚至有很多相近之处，有令人欣喜的地方，我们便会心怀感激。

费拉里：在那本选集中，对于格鲁萨克的作品，除了《文学批评》，您还选了《从普拉塔到尼亚加拉》和《精神之旅》的内容。

博尔赫斯：是的，就是这几本书。

费拉里：他的作品您最喜欢的就是这几部。

博尔赫斯：是的。还有一场辩论。不过，这场辩论被删去了。一场辩论……和梅嫩德斯·伊·佩拉约[①]的辩论，关于"假的吉诃德"。我认为，尽管在这场论辩中格鲁萨克说得没有道理，但他有一点说得不错……他把那本书归到一个作家身上，可结论并不是这样。然而最重要的不是这点，而是他关于堂吉诃德的所有研究。格鲁萨克有这样一个观点，他是最早提出这一点的人之一，后来卢贡内斯也这么说过：《堂吉诃德》最不突出的就是文体，然而作家们常常模仿它的文体；这本书最重要的是人物的塑造：阿隆索·吉哈诺这个既滑稽可笑又讨人喜爱的人物。格鲁萨克强调了这个问题。还是这个问题，比如说，对乌纳穆诺来说，堂吉诃德这个人物是伦理上的模范。

费拉里：是的，现在，正如我们说过，您认为格鲁萨克是人文主义者、历史学家、西班牙语学者、评论家、旅行者和文化传播者。

博尔赫斯：是的，他当然是文化传播者。他曾影响到了卢贡内斯，尽管后者不愿意承认。我认为格鲁萨克所产生的影响是有益的，现在仍在起作用。就是说，如今这种影响如此普遍，以至于我们不一

① 梅嫩德斯·伊·佩拉约（1856—1912），西班牙历史学家、文学评论家。

定非得读过格鲁萨克。

费拉里：啊，当然。

博尔赫斯：因为通过他的学生我们就能接近他。

费拉里：他的想法得到了传播。

博尔赫斯：是的，那些真正重要的书籍就是这样的，它们会以某种方式成为公众意识的一部分。因此，哪怕不曾读过这些书也没有关系。

费拉里：是的。最后，我们还要说一点，您和格鲁萨克曾同时在国家图书馆里任职。哦，“同时”是指有相当长一段时间。

博尔赫斯：是的，我们的命运在一定程度上有些相似。为此我写过一首诗歌。不过在我写那首诗歌的时候，我并不知道是否只在说我和格鲁萨克，因为国家图书馆还有一位馆长也失明了。

费拉里：何塞·马莫尔[①]。

博尔赫斯：是的，何塞·马莫尔。当时我不知道还有这么一段悲伤的三部曲，不是吗？图书馆里失明的馆长。但是，对我个人而言，我对这件事的无知倒是方便我写诗，因为我无法在一首诗里写三个人。只有我和格鲁萨克的话，我就能写出来；但是如果有三个人，那就不行了。出于文学的原因，同时涉及三个人会很难解释清楚。因此，对我来说，幸运的是，当我写这首诗的时候我忘记了还有马莫尔。

费拉里：您之前不知道。

① 何塞·马莫尔（1817—1871），阿根廷浪漫主义诗人、小说家。

博尔赫斯：不知道。有人说那是我的最好的诗歌之一，《关于天赐的诗》。这首诗的主题“失明”也可以是一种天赋。

费拉里：是的……

博尔赫斯：我曾这么想过。毫无疑问，格鲁萨克也曾这么想过，就在同一个地方。就是说，以某种方式，有那么一瞬间，我就是格鲁萨克。我应当感谢命运。

费拉里：“且莫当成是抱怨或者指斥”……

博尔赫斯：的确，是的。有一段时间我是格鲁萨克；我与他有同样的想法，我感受到了同一种氛围，肯定是在同一张书桌旁。我曾是格鲁萨克，尽管只有一段时间。这就是一个人需要感激的东西，是我需要感激的东西。

费拉里：格鲁萨克也曾是博尔赫斯。

博尔赫斯：噢，不知道这是否让他感觉愉快。

费拉里：我想是的。

博尔赫斯：我不知道他是不是曾经收到过有关我的信息。他知道我的祖父，因为他提到过我的祖父。在一篇文章里他写道“博尔赫斯”，然后在注释中写道：“博尔赫斯，弗朗西斯科上校。”很明显他说的是我的祖父。所以，假如我有机会见到格鲁萨克，至少我的名字对他来说自然不算陌生。人们会向他介绍我，说这是“博尔赫斯”，对他来说这应该不是一个陌生的单词；他会想起我的祖父，米特雷[①]投降后，我的祖父失去了生命，他在拉维尔德战役中去世，

① 巴托洛梅·米特雷（1821—1906），1862年至1868年任阿根廷总统，1874年发动政变。

就在 1874 年。

费拉里：正如您在之前的谈话中提到的那样。

博尔赫斯：是的。此时我感觉自己距离祖父特别遥远。我想要更近距离感受格鲁萨克，这并不困难。因为在我看来，格鲁萨克是一个远比我的祖父更生动、更具体的人。

费拉里：此外，图书馆的巧合也不只是偶然。

博尔赫斯：我不知道。过去我希望自己能当洛马斯 – 德萨莫拉市的图书馆馆长，但是我没能如愿（笑）。但我还是当了南方某个图书馆的馆长，只是我在蒙塞拉特区，而不是洛马斯市，不是吗？

费拉里：在安东尼奥 – 门特鲁伊特图书馆不能如愿，但在国家图书馆可以。

博尔赫斯：嗯，那儿叫作安东尼奥 – 门特鲁伊特图书馆？

费拉里：是的，没错。

博尔赫斯：嗯，那是我的愿望。我把我的这个愿望告诉了维多利亚·奥坎波，她对我说，别傻了。

费拉里：（笑）她让你选择国家图书馆。

博尔赫斯：（笑）是的，不错。

文字危机

奥斯瓦尔多·费拉里：我在布宜诺斯艾利斯的一份日报上读到您的一封信，博尔赫斯，即《文化危机》。

豪尔赫·路易斯·博尔赫斯：是的，但是我想换一个标题，因为“文化危机”不好听。最好用“文字危机”，避免元音连读[①]。不过，比起文字，也许人们对文化更感兴趣，尽管只是从字面上看。文字是一个更具体的话题，因为文化包括文字，反之就不对了。所以，我们还是用原来的题目吧，尽管听起来不太和谐，“文化危机”。我知道“文化”这个词让人反感，可它是独特的，不是吗？而且，这个词还是恰当的，虽然说有或好或坏的意味。

费拉里：如果您觉得合适，我想读一下您的信，这样可以让您解释一下信的内容。

①“文化危机”的西班牙语原文为“La cultura en peligro”，其中“cultura”中的“a”与“en”中的“e”为文中所提到的“元音连读”；“文字危机”的原文为“Las letras en peligro”，并无元音连读。

博尔赫斯：当然可以。

费拉里：您写道："奇怪的是，有的人想成为被笑话的对象。难以置信的是，我就是这样的。有一次我拿到一份手稿，手稿的内容是关于布宜诺斯艾利斯大学文学系的改革——我们姑且称之为改革。而我是这个系的名誉博士。"

博尔赫斯：嗯，我可以稍微解释一下：二十年来——让我们选一个整数——我教的既不是英国文学也不是美国文学，它们都是无穷无尽的；但我传递了对英美文学的爱，更确切地说，对一些作家的爱。只要有学生能爱上某位作家，然后去找他的书来看，我就会觉得特别欣慰。我是不是和您说过，不久前，有一个人在圣马丁街上拦住了我，我不认识他，不过他对我说："博尔赫斯，我想要向您致谢。"我说："先生，您为什么要感谢我呢？"然后他说："感谢您让我认识了罗伯特·路易斯·史蒂文森。"在这个时候，就像我和您说的，我觉得很欣慰。我感到非常幸福，因为把史蒂文森介绍给别人就是为他人的生活提供了……或者说增添了一种幸福。因此，我教的是爱，不是对一切文学作品的爱，毕竟我对许多经典作品都没有兴趣，而是对一些作品、一些作家的爱，或者对某一位作家的爱。这就是我的任务了。其余的呢，就要看百科全书了，还有文学史上的人名、日期，这些只是附属品。

费拉里：接下来，您说："在这里，和其他地方一样，没有人来向我咨询……"

博尔赫斯：当然，我和您解释一下，我为什么这么说。我和何塞·路易斯·罗梅罗被授予名誉教授。然后，我问罗梅罗："名誉教授是什么意思？”他对我说：“事实上我并不知道，我想应该是顾问。”但是，从没有人来询问过我。因此，罗梅罗的猜想不准确。也许，它仅仅是恭维话，是口头上的谄媚：他们送我“emérito”（名誉的）这个重音落在倒数第三音节的词，对吗？为什么不感谢这些重音落在倒数第三音节的词呢？它们是卡斯蒂利亚语的特点，其他语言没有。哦，很好，我是一位名誉教授，哪怕我并不是很清楚这意味着什么。我曾经以为这是退休的意思，不过似乎不是这样的，好像还有一点谄媚的意味，不是吗？因为“退休”“无业”听起来有些“丧气”，但是“荣誉”听起来……

费拉里：更值得称道。

博尔赫斯：对的，更值得称道，没那么悲伤，不是吗？那么，我们接着听。

费拉里：然后，您说：“没有人询问我，但是我认为自己有权力发表意见。”接下来您转写了那篇广泛流传的文章。

博尔赫斯：是的。不过，后来别人和我说，这篇文章很准确。由于它看起来很不错，这所大学将对它开展一次讨论。

费拉里：文章如下：“所有外国文学都将可能被替代……”

博尔赫斯：嗯，“可替代的”就是无须在意的，不是吗？“可替代的”这个词就是这个意思，对。

费拉里：“比如，可能被媒介文学和通俗文学取代……”

博尔赫斯：哦，这里我需要承认自己的无知。什么是媒介文学？后来，我说这是“平庸”的文学，别人说不是这样的，媒介文学的意思是畅销书。就是说，并不都是文学作品。除了“文学”这个词显得卖弄学识，总体上说“媒介文学”比“文学”听起来更亲切、更不让人紧张；好像“文学”听起来特别庄重。

费拉里：我继续读：“可能被媒体取代……”

博尔赫斯：读到这里，我立马想到公共汽车、大马车、有轨电车、铁路。别人向我解释说，不是这样的，这里指的是报纸、杂志——可以集结成册了——或广播，甚至是无线电话。不过，说文学被广播取代有点奇怪，但好像每件事都让人惊异。

费拉里：接下来：“可能被民间文学取代……”

博尔赫斯：我记得这段话后面有我的评论。除了一系列迷信元素，民间文学还能是什么呢？为什么要强化它们呢？这么做当然是因为人们想到了地区的民族性，当然，还有整体的地区性和民族性。在这个奇怪的时代，民族性是有一定威望的。仿佛在说，这个地区很重要，那个地区很重要。我不这么认为，我尽量保持斯多葛主义的古老野心：成为世界公民。我不会特地强调我出生在布宜诺斯艾利斯市圣尼古拉斯教堂这个具体的事实。

费拉里：接下来：“可能被文学社会学取代……”

博尔赫斯：事实上我不知道文学社会学是什么样的。如果是一门科学，那么它应该可以预测未来。然而，奇怪的是，这门社会学的应用范围是过去的或遵循趋势发展下的文学。这让我想到海涅[①]的一句玩笑话，他说：“历史学家是回望过去的预言家。”有意思的是，胡安·巴莱拉[②]将这句话修饰了一下，他说：“历史是预言过去的艺

① 海因里希·海涅（1797—1856），德国作家、思想家，代表作有《佛罗伦萨之夜》。
② 胡安·巴莱拉（1824—1905），西班牙作家、外交家，代表作有《佩比塔·希梅尼斯》。

术。”这话不错。而且，我不知道文学社会学是否可以为我们预言二十一世纪文学巨著的作者，乃至出版日期和书名。可能它只会告诉我们，过去的一切不可避免，但我不知道何种程度上可以说美学事件是不可避免的。我想，从前没有人能够预见，1855 年布鲁克林的记者沃尔特·惠特曼将发表《草叶集》，这本诗集将影响后世整个文学领域。或者，早几年，埃德加·爱伦·坡凭借无人不知的五个短篇小说，《莫格街凶杀案》《失窃的信》《金甲虫》等等，开创了一个新的文类：侦探小说。对此任何社会学家都无法预测。侦探小说将有许多声名卓著的崇拜者，如狄更斯、威尔基·柯林斯[①]、切斯特顿、伊登·菲尔伯茨[②]；我们还能想到更多名字，几乎是数不尽的，如尼古拉斯·布莱克[③]……世界各地有无数这样的作家。这类小说我自己也试着写过，我和比奥伊·卡萨雷斯合作写了《伊西德罗·帕罗迪的六个谜题》。假如爱伦·坡没有写那五个短篇小说，这些作品将不会出现。那五个短篇小说是完美的侦探小说范本，它们确立了后人需要遵循的规范，即远离一切暴力元素，在沉思冥想和观察中侦破罪行，而不是像警方常常做的那样，通过检举揭发来断案。

费拉里：最后，我们还有两种可能性……

博尔赫斯：哪两个？

费拉里：可能被社会语言学和心理语言学取代……

---

① 威尔基·柯林斯（1824—1889），英国侦探小说作家，代表作有《月亮宝石》《白衣女人》。

② 伊登·菲尔伯茨（1862—1960），英国小说家、诗人、剧作家，代表作有《灰色房间》。

③ 塞西尔·戴·刘易斯（1904—1972），英国桂冠诗人，曾以笔名“尼古拉斯·布莱克”创作侦探小说。

博尔赫斯：哦，对此我不知道该说什么，因为对我们来说，它们只是几个新词语。而且我不知道它们对应的是哪些学科。总之，对许多人来说，这些应该都是尚处在假设阶段的新学科。比起美学带来的享受，为何人们更喜欢研究这些学科呢？这些名字听起来就枯燥无味。

费拉里：那封信的末尾写道，正如我们的名声那样，我们阿根廷人确实是天真的。

博尔赫斯：这句话想说，也许很多人会相信那份可能性的清单是有根据的，也许有人会相信这种危机的严重性，即文学、文学享受将被取而代之的危机，这些学科将跃居文学之上。但那并非不可能。我做了二十多年的教师，很多学生向我索要书单。我对他们说，不，我不会给他们任何书单，因为作家的作品是先于书单的。我认为莎士比亚没有读过关于他的浩瀚的著述。就是说，最先出现的是作品。但是，如今有太多关于作品、关于各种书的著述，接下来还有关于这些著述的著述，还有关于这些著述的著述的著述……人们大概永远也不会接触到原文本，就是因为有书单这个拦路石。而这种情况，哦，这种情况还在持续。塞缪尔·巴特勒[①]说过，随着时间发展，大英博物馆的目录将容不下这个世界（两人都笑了）。更别说是那些藏书了，单看藏品就够多了。我们受到了博识的阻碍，这成了我们时代的危机之一，尽管还有那么多未知的领域。因为博学之士往往是无知的，或只了解自己研究的那个领域。他们并没有

① 塞缪尔·巴特勒（1835—1902），英国小说家，代表作有《众生之道》。

掌握全面的知识，后者对他们来说太模糊了。

费拉里：这就是博识对创造性的围困。

博尔赫斯：是的，也许研究文学起源的好处之一，就是不用理会那些琐碎之事，比如，作家的名字、各种日期，以及被今天的评论家重点关注的因素：居所的变更。我读过一本关于爱伦·坡的书，作者是哈维·爱伦，在我看来这是一本纯粹谈论爱伦·坡的住所变迁的书。几乎就没有其他内容了。然而，居所的变更是最无关紧要的了，所有人都变更过居所。重要的应该是一个作家幻想过的事物，以及一本书留给我们的东西。这一切被居所的变更取代了；或者，在精神分析领域，这一切被家长里短、私生活混乱之类的问题取代；而且，有人认为所有作家都该憎恨父亲、亲近母亲，或憎恨母亲、亲近父亲。这些问题正在取代文学，取代美学享受，后者如今对人们来说几乎是陌生的。哦，我不知道我们是否真的在经历我刚提到的这个危机。我希望没有，我希望只是我个人受到了欺骗，我希望大学里能有人，无论哪位都行，站出来说，这个怪诞的名单根本不存在，不用太当真。下一句话我觉得很有必要。如果大学——很明显人们往往夸大了大学的重要性——致力于用社会学代替文学，那就太令人难过了。

费拉里：我想，博尔赫斯，这封信的内容已经解释得清清楚楚。

博尔赫斯：嗯。不过，我认为最好能读到更多来自其他作家的信，因为这场危机可能不只是个设想，而是真实存在的。所以，最好能够获得其他作家的支持。我不想单独说到某个作家，只要大学中能有某位站出来，那就够了。但是，面对这场看似不可信、实则大有可能的危机，如果有更多作家愿意就此表达自己的不安，自然更好。再者，布瓦洛说过“真实的事有时可能不够逼真”。这场危机，有可能是一件真实的事，正如我所能想到、我所尽力理解的那般难以置信。

费拉里：也可能恰恰相反。

博尔赫斯：是的，一切皆有可能。

威廉·巴特勒·叶芝（一）

奥斯瓦尔多·费拉里：我记得，多年前在阿根廷英国文化协会，您曾经谈到一位您景仰的诗人。我说的是威廉·巴特勒·叶芝。

豪尔赫·路易斯·博尔赫斯：是的，当然，这是一个令人愉悦的话题。艾略特认为叶芝是本世纪最伟大的诗人。这是艾略特的看法，我表示同意。尽管我个人更喜欢另一类诗歌风格，比如弗罗斯特[①]或勃朗宁[②]的诗歌风格。如您所知，叶芝的诗歌更具有语言性，虽说一切诗歌都是语言，但叶芝与他的同乡人乔伊斯一样，对词语的爱胜过对情绪的表达，仿佛在享受一种语言的快感。事实上，在我们印象中，他的诗句就像语言物品，远超他所要表达的内容。在我们国家也能找到类似的例子。我想最突出的例子就是卢贡内斯了吧？或者，在卡斯蒂利亚语文学中，克维多和贡戈拉也会注重相似的语言快感，这种对词语的爱。不过，叶芝比克维多更富有激情，

① 罗伯特·弗罗斯特（1874—1963），美国诗人，代表作有《未选择的路》。

② 罗伯特·勃朗宁（1812—1889），英国诗人、剧作家，代表作有《指环与书》。

但他们对语言怀有同样的快意和情感。比如，“That dolpins torned, that gong tormented sea”。我是这么翻译的：“那被海豚撕裂的海，那被锣鼓震碎的海”[①]。我想这句诗什么都没有留下。面对晦涩难解的话，我们尽力展开想象，理解它想表达的内容；但是当读者读到“That dolpins torned, that gong tormented sea”这句英语时，他会有种突如其来的受伤感，因美神伤，而解释便无关紧要了。

费拉里：应当追随词语的声音。

博尔赫斯：不过，也许这一点对一切诗歌都是适用的。也就是说，最重要的应该是旋律，是词语的声音；语义可以不存在或模糊不清。语义是最不重要的，我认为。不过，我找到了一个极端的例子，叶芝并非在所有诗歌中都采用这种表达方式。他也曾写过许多情节出众的诗歌。然而，奇怪的是，叶芝的创作从 *Celtic Twilight* 开始改变，就是《凯尔特的薄暮》。在此之前，他有意写出模糊的诗句，突出声音和画面的效果。但是后来他放弃这类怀旧、绵软的诗歌风格，转向直接明朗的诗歌，还重写了自己早期的诗作。他抛弃了所有可能的怀旧、感性之情，写出了直截明朗的诗歌。他甚至开始厌恶感性的东西。到了后期，他有意回避那些文学雕琢痕迹明显的东西。比如，在一首诗中，他说“That star laden sky”，“满天星斗”。在北半球这么说不对，在南半球可以这么说，因为我们南半球的天空确实满天星斗。但是，“Star laden”（满天星斗）会让人立马想到，这不是口语惯用的表达方式，而是书面语。这就是他后来试图抛弃

① 此处博尔赫斯翻译的西班牙语版本为：“Ese mar desgarrado de delfines, ese mar atormentado de gongs”。

的表达。不过他始终关注每个词语带来的力量。

费拉里：据说早期，叶芝年轻的时候，他主要受到雪莱、斯宾塞[①]、拉斐尔前派[②]的影响。

博尔赫斯：是的，不过我认为拉斐尔前派比《凯尔特的薄暮》更好。比如罗塞蒂，罗塞蒂有一种准确性……哦，莫里斯则有另一种特点。但是我想所有这些诗人显然有一个共同的老师，就是丁尼生。虽然，每一个追随他的脚步的人，或许都比他做得更好。学生超越了老师，我想这也是常有的事。

费拉里：在老师的基础上继续完善。

博尔赫斯：是的。再说，为何不假设有一种分工：一个诗人负责创造某种修辞，其他诗人负责将它运用在诗歌里，而且比第一个诗人用得更好。要我说，在我们中间，一个典型的例子就是埃塞基耶尔·马丁内斯·埃斯特拉达。我想，要想理解埃塞基耶尔·马丁内斯·埃斯特拉达，不能没有卢贡内斯和鲁文·达里奥。但是，依我看，假如暂时不考虑这些历史性的、年代上的因素，我们拿出每个人最好的一首诗进行对比，胜出的可能会是马丁内斯·埃斯特拉达的诗，虽然他是后来者。

费拉里：是的，他作为散文家也很出色。

博尔赫斯：谁？马丁内斯·埃斯特拉达吗？

费拉里：是的，不知道您是否赞同。

---

① 埃德蒙·斯宾塞（1552—1599），英国诗人，代表作有《仙后》。

② 1848 年在英国兴起的美术改革运动，作品以写实为主，色调清新。下文中的罗塞蒂与莫里斯均为拉斐尔前派代表人物。

博尔赫斯：不，我觉得不是这样，我认为他的散文更像新闻记者的文章。不过他的诗歌不是这样的。在我看来他的诗歌是真正的诗歌。但是，他会认同你的观点；他说他的诗歌毫无价值。

费拉里：有意思的是，博尔赫斯，在我们国家，对马丁内斯·埃斯特拉达的诗歌最为赞赏的就是您，博尔赫斯，因为其他人都只谈论他的散文。

博尔赫斯：但是，如果他出版的那本书叫《潘帕斯草原的透视》，我们就很难对他的散文集抱有太多希望了，不是吗？噢，他确实还有一本诗剧，叫作《快脚傀儡》，名字就预示了不好的事情，或者说更像是一种威胁。然而，他有十分出色的诗歌作品：致敬沃尔特·惠特曼的诗、致敬爱默生的诗、致敬爱伦·坡的诗，他将这几首诗称作“大熊座的三颗亮星”。他还有一些诗歌是致敬西班牙诗人的，这部分被称为“西班牙的高塔”。在这些作品中，偶尔有几节诗，似乎是他在刻意复制卢贡内斯的错误。我们偏离有关叶芝的话题了。

费拉里：是的，我想说，叶芝的作品里有一个不变的主题，就是对爱尔兰的思虑。比如，您应该记得叶芝的最后一首诗，《布尔本山下》，像是一首献给爱尔兰的遗言之诗。还有他之前的另一首诗，《幻象》。

博尔赫斯：是的。他还有其他比较个性化的主题，比如他的那座有盘旋楼梯的古塔。他有一首古怪的诗。诗中，他在古塔里，塔顶的房间亮着灯。诗里的两个人物在古塔下相遇。他们正在交谈，其中一人说他找到了叶芝正在寻找的东西。接着他们谈到叶芝，四处观望，看到塔里的灯灭了。这时诗歌结束了，两人离开了。因为，很明显，这两人那时正处在灯光下奋笔疾书的诗人的创造过程中，但灯熄灭了。这样的情节很奇怪，不是吗?

费拉里：确实。

博尔赫斯：是的，很奇怪。我不记得这首诗叫什么了，但是我记得很多叶芝的其他诗。然后，年迈的他与从前截然不同……看起来，他度过了纯洁的青春岁月。但是后来，年迈的他却怀念青春里的澎湃恣肆……

费拉里：那是他不再拥有的东西。

博尔赫斯：不再拥有，但他还能感受到。

威廉·巴特勒·叶芝（二）

奥斯瓦尔多·费拉里：很多次，博尔赫斯，当我们谈到灵魂或缪斯时，您都会想到叶芝提出的概念——“大记忆”。

豪尔赫·路易斯·博尔赫斯：是的。有人猜测叶芝提出这个概念，目的是为自己的人生辩护。也就是他那段纯洁的青春，他对肉体之爱的直接经验的缺失。于是，叶芝就提出直接经验不是必需的，因为所有个体都将遗传“大记忆”。“大记忆”指的是种族的记忆，确切地说，就是从父母、祖父母、曾祖等一代代人的经历中遗传下来的记忆，它呈几何式增长，几近无穷。这就是“大记忆”，一种记忆宝库，每个人一出生便遗传了这种记忆。但是，后来，他渐渐成熟，步入老年期，更爱思考个人的记忆，但他思考的是虚构的过去。这就是我们每个人处理过去的方式——我们的想象和我们的真实经历并非完全对应。

费拉里：也许这就是诗人的做法。

博尔赫斯：是的，这就是诗人的做法。然后，叶芝创造了一种记忆。可以这么说，这是恋人们的记忆，除了爱和直接经验，他们无视一切。然后叶芝说，智慧就是身体的衰老。年轻时，我们会爱却无知。但这是他虚构的记忆，也是他的诗歌的主题之一。

费拉里：这种经验，就像王尔德说的一句话：经验是我们给自己犯下的错误起的名字，是我们对错误的认知。

博尔赫斯：是的，有点关系。不过，我认为叶芝高估了王尔德的《瑞丁监狱之歌》的价值。在我看来，这是一首不完美的歌谣，有很多缺点。比如，奥斯卡·王尔德把云朵比作张着银色风帆的船只，这一点都不像一个囚犯会思考的事情，特别不真实。还有，《瑞丁监狱之歌》整首诗的主题我也觉得不真实，他将死亡看作环绕在囚徒四周的存在，我不相信……总之不大可信。语言也并不完美，时而文雅，时而通俗，这样混用的效果并不理想。不过我会说王尔德最伟大的作品就是他那类装饰性的诗歌，而不是歌谣，嗯，我们可以这么说。王尔德的歌谣，好像介于吉卜林歌谣的现实主义和各种歌谣的幻想主义之间。比如柯勒律治的《老水手之歌》就是纯幻想歌谣的典型。

费拉里：不过，谈到叶芝，假如不了解他对神智学等学说的兴趣，我们也许无法解释他的诗歌中的一些要素。比如，您应该记得《幻想》，这首诗可能就受到了他所信奉的秘教哲学和神秘哲学的启发。

博尔赫斯：我不记得这首诗了。

费拉里：不过，您应当记得叶芝经常去海伦娜·布拉瓦茨基[1]的

---

① 海伦娜·布拉瓦茨基（1831—1891），俄国作家、神智学协会创始人之一。

协会。

博尔赫斯：嗯，就是那个叫作“The Golden Dawn”的协会，“金色黎明会”。在阿根廷，人们只从鲁文·达里奥的“但那金色黎明是我的”这句诗里听说过这个社团。“金色黎明会”。有人认为“金色黎明”的意思是青春、少年。当然，达里奥确实是这个意思，不过“The Golden Dawn”，“金色黎明”这个词借用了海伦娜·布拉瓦茨基那个协会的名称，不是吗？布拉瓦茨基写过《除去面纱的伊西斯》，里卡多·吉拉尔德斯将这本书读了一遍又一遍。

费拉里：是的。还有一本书叫作《伊西斯》，作者是维里耶·德·李尔·阿当[①]。

博尔赫斯：哦。我记得叔本华在《作为意志和表象的世界》里提到了《伊西斯》。我想这段文字出自普鲁塔克[②]。普鲁塔克谈到伊西斯的形象说：“我是生命的过去、现在和未来，任何凡人都未曾揭开过我的面纱。”

费拉里：这句话太美了。

博尔赫斯：嗯。叔本华将这句和另一句更美的话联系在了一起。那句话出自狄德罗[③]的《宿命论者雅克》。雅克和他的主人来到城堡，他们住在一座宏伟的城堡里，正面墙上写着“你们进来时经过这里，出去时还要经过这里”。大致这个意思，不过说得更好。叔本华称赞了书里的这句话。这句话可能是狄德罗写的，也可能是他从古籍

① 维里耶·德·李尔·阿当（1838—1889），法国象征主义作家。
② 普鲁塔克（46—120），希腊作家、哲学家、历史学家。
③ 德尼·狄德罗（1713—1784），法国启蒙思想家、哲学家、作家。

里摘录出来的，毕竟在那个年代，引文无须标注引号，不是吗？与现在不同，当时的引文是为了征得读者的认同，而不是为了欺骗读者。有人曾经为引文辩护，也为抄袭、隐喻辩护，那个人就是阿方索·雷耶斯。他说，它们是作者向读者使的眼色。

费拉里：表示理解了。

博尔赫斯：是的，他的意思是，引用一段话不是为了欺骗，不是为了模仿古人，而是为了同读者分享作者的记忆。

费拉里：当然。也许叶芝对神智学的热衷，可以解释为什么他有很多诗歌都写到了神话，比如《凯尔特的薄雾》。

博尔赫斯：是的。奇怪的是，还有一个著名的例子，《神曲》，也是如此。我们会发现，《神曲》里既有基督教神话，又有希腊神话。比如，《地狱》里有米诺陶洛斯，有一群半人马兽。很明显，这些都不属于基督教神话，属于基督教神话的应该是圣徒、圣女这类形象吧。叶芝以同样的方式将凯尔特神话和希腊神话相结合。他写得最好的那首十四行诗是《丽达与天鹅》，它是英语文学中最好的十四行诗之一，也可以说是世界文学中最好的十四行诗之一。这个主题有很多人写过。在叶芝的诗里，虽然是同一个主题，但他从第一句诗开始，就以另一种方式重现。因为在画家和其他诗人笔下，丽达在海边或湖边坐着，天鹅静静地向她游去。而在叶芝的诗里，那只鸟，可以想象它无比巨大，那只高大的天鹅，它也是宙斯。他自天而降，扑倒丽达。

对了，有一处叶芝写了“The feathered glory”（荣幸的羽绒），对吗？写的就是那一刻，宙斯将丽达扑倒，有一刻两人合为一体。

那只鸟——也是宙斯——拥有她的时刻。然后，叶芝想象着，那一刻，她一定程度上也是宙斯。就是说，她知道过去、现在和未来。关于那一刻，叶芝写下，“特洛伊在燃烧”，因为丽达是海伦的母亲。那一刻，趁那冷漠之喙尚未将她放下——因为这喙既是鸟的，也是神的——她看到了一切：她看到特洛伊城墙在燃烧，看到阿伽门农死去。叶芝想知道，在那冷漠之喙尚未将她放下时，她是否同时感受到了神力，神的激情，也许还汲取了神的智慧。

这首十四行诗是叶芝的最后几首诗之一。好像他将这首诗口述给他的秘书，而他的秘书面对这个主题感到异常羞涩。有意思的是，但丁·加百利·罗塞蒂有一首诗，写得早一点，主题也是这个，因为他也借用了海伦的故事，不过他是处在当时的现在——对现在来说已经是过去，他预见了未来——对现在来说依然是过去。然后，当他讲述海伦的故事时，他预见了未来……哦，这首诗的主题就是这样一个未来：帕里斯爱上了她，从帕里斯爱上她的那一刻开始，特洛伊就在劫难逃了，特洛伊已经在燃烧，然后他说“High Troy is in flames”（特洛伊陷于熊熊火焰）。换句话说，他将两件事情混为一体了。

费拉里：神话先于现实。

博尔赫斯：是的，神话先于现实，毫无疑问。叶芝读过那首诗，对它进行了模仿，叶芝那首关于丽达和天鹅的诗甚至超过了它。他们所用的意象一样，即海伦和特洛伊。一切是同时存在的。两件事发生的时代相隔甚远，一个是当下，一个在未来，但是它们在诗中同时发生，尽管彼此之间依然很遥远。

费拉里：没错。我们可以想象到叶芝对戏剧的热爱和投入，因为有一些场景，某种程度上说极富戏剧性。

博尔赫斯：是的，有戏剧性，尽管这是一首十四行诗。

费拉里：对，我刚才说的是那些场景。

博尔赫斯：是的，但是这可能也是戏剧的主题。甚至戏剧的表现可能更有效力，如果说有人能超越叶芝的十四行诗的话。

费拉里：我觉得没有人。

博尔赫斯：我也怀疑。对于叶芝来说，两类神话富有相同的生命力。凯尔特神话是他刻苦研究学习到的；而希腊神话，自然，现代所有诗人都对它有所继承，不是吗？其他神话传说则不同，需要进行专门的研究，比如斯堪的纳维亚神话，或者最好说是冰岛神话。德国的瓦格纳[1]就研究了冰岛神话。它起源于遥远的冰岛的极北之地图勒。

费拉里：而且，叶芝对日本戏剧感兴趣。

博尔赫斯：是的，因为在他眼里，日本戏剧是一种自主的、虚幻得近乎浮华的戏剧，一种从未想过向我们所谓的现实、日常靠近的戏剧。他眼中的这类剧……哦，我已经见过了——对我来说“见过”是一种隐喻，我看过日本戏剧演出。刚开始我不太能够接受，因为节奏缓慢，而且剧里的音乐对我来说是完全陌生的。

费拉里：当您在日本的时候？

博尔赫斯：对的，在日本的时候。别人安排我看一个小时戏剧，

① 理查德·瓦格纳（1813—1883），德国音乐家，代表作有歌剧《尼伯龙根的指环》。

但是，不知不觉，我们在那里待了一上午外加一下午，直到夜晚降临，我们还在看。到了最后……我很难解释清楚我所看到的内容，但是我逐渐被吸引，包括它的缓慢，演员出奇缓慢的动作。比如，有一组动作，演员需要把手臂放在下巴旁边，然后再一点一点放下手臂，而这个过程可能需要十分钟。而且，演员念台词念得特别慢，有时会让我们觉得他们说话的声音有点可怕。所有这些表演观众都能跟上，因为大厅很明亮，人们拿着曲谱和台词，对照看看。演出的剧本所有人都记得很清楚，他们一边对照着，一边观察演员是如何表现的。台上有著名演员。

费拉里：很别致，很新鲜。

博尔赫斯：是的，很别致，剧也很新。但是，人们能够记诵这出剧。

费拉里：我的意思是，相比西方戏剧，它很新颖。

博尔赫斯：啊，对。说到这里，几天前我去看了奥逊·威尔斯的《麦克白》。我发现奥逊·威尔斯故意省略了一些读者耳熟能详的句子，因为他知道这些话已经留在读者的脑海中，他们会自己先说出来，无须由他说出。

费拉里：当然。有件事我不能略去不谈。大概在1923年，叶芝被授予诺贝尔奖，在那个年代这项荣誉比现在严肃多了。您应该也记得。

博尔赫斯：我不记得了。说到1923年，我会想到另一件事情，一件不值一提的小事：我的第一本书出版了。

费拉里：《布宜诺斯艾利斯激情》。

博尔赫斯：1923年我可能还不太注意叶芝的消息。后来我才得知此事。

费拉里：有可能，当然。

博尔赫斯：当然，有些东西会逐渐、缓慢地出现，一年接着一年，真相也是如此。

文学思想家

奥斯瓦尔多·费拉里：有人认为您不是思想家，因为您在哲学上的贡献不如您在文学上的贡献，我想这种说法是不正确的。

豪尔赫·路易斯·博尔赫斯：哦，哲学是疑问和犹豫的结合，可以这样说。有一位阿根廷教授，名字我就不提了，他让学生按照教义问答的方式学习，要求他们准确地回答问题，准确到每一个字。就是说，他们只需要背诵，不需要理解，不需要关注思想的变化。第一个问题就是："什么是哲学？"因此学生必须准确回答道："哲学是清晰、准确的知识。"但这个回答既不清晰，也不准确。现在看来这显然是错误的。如果我告诉你，秘鲁街前面是佛罗里达街，玻利瓦尔街前面是圣马丁街，这就是清晰、准确的知识，但是毫无哲学价值。某个人写了一篇文章，却并不在意文中的这句话，多奇怪，不是吗？哦，他可能只是匆匆写下的，然后被教授用来再三强调。如果人们对他说"清晰、准确的知识"，他会说："不，先生，这既不准确也不清晰，清晰又准确的知识你还没有学过，不是吗？"（两人都笑了）那位哲学教授任教于布宜诺斯艾利斯大学文哲系，却从一开始就犯下了明显的逻辑错误，令人叹息。哲学怎能成为一种清晰、准确的知识呢？哲学是疑问和相互矛盾的论述的知识。

费拉里：他一开始就运用了反哲学的方式。

博尔赫斯：不过……当然，是这样的。哲学的历史怎能成为一种清晰、准确的知识呢？不能。我们可能会读到五个或者五千个思想家，这些思想家思考宇宙或思考人生的方式全然不同。从哲学流派出现之日起，从这些哲学流派被命名之日起，哲学就不是一种清晰、准确的知识。哲学是一系列疑问。我记得德·昆西说过，发现问题不比发现问题的解决办法次要。这句话说得好。

费拉里：这句话很好。不过我认为您创造了一种文学思想。这种文学思想以独特的方式靠近真实、靠近现实。比如您对命运的看法，尤其是您认为每个人都有命中注定的事，与偶然之事完全不同。

博尔赫斯：是这样。但是信奉预定论，不是意味着有人能了解它，而是说有这样一类机制存在，哦，一类冷酷无情的机制。就像是说，每一个瞬间都取决于上一个瞬间，那么这也是一类机制，不是吗？这并不意味着有人能够了解这种机制，或者对它做出预测；而是指有某种东西在我们之外运作，也有可能正在运作的就是我们自己。当然，这也只是一种猜测，因为无从验证。

费拉里：然而，和您认识的哲学教授不同，您说的正是一种猜测。

博尔赫斯：是的，的确如此，对。

费拉里：另外，您还常常提到秩序、宇宙，将它们看作混沌的对立面。

博尔赫斯：哦，当然，因为宇宙是有序的，混沌正好相反。顺便说一下，不知道我们有没有说过“cosmética”（化妆）这个词，来源于“cosmos”（宇宙），意思是被人搁在脸上的小系统、小宇宙。它们词源一样。所以说，比如我，一个不化妆的人，也许我是一通凌乱的，不是吗？（两人都笑了）哦，一通凌乱的应该是我的脸（笑）。不过，也有人说，意识会由内而外塑造容貌。

费拉里：噢，这个很有意思。

博尔赫斯：是的，我记得，据说林肯说过一句话。当时，他需要一个秘书，不知为何，人们给他拿来一沓照片。他看了看其中一张照片，说：“这个人不行。”别人反驳说：“可是，他无须为自己的脸负责。”林肯回答说：“三十岁以后，每个人都要为自己的脸负责。”这句话和我们说的意思一样。“脸是心灵的镜子”也是这个意思，不是吗？只不过这种说法没什么吸引力。“每个人都要为自己的脸负责。”

费拉里：希腊人，还有莱昂纳多·达芬·奇，他们也这么说过。

博尔赫斯：关于容貌，是的。

费拉里：还有，您常常说，我们这个时代好像失去了依循更高层次的事物或系统的秩序感，仿佛我们的生活方式就是随意活着。

博尔赫斯：结果显而易见。而且，我认为这是毫无疑问的。如今我们处在二十世纪末，我感觉二十世纪很难和十九世纪媲美。也许十九世纪也很难和十八世纪媲美。不过，我知道，世纪的划分是没有根据的；而且，对一个世纪的评判也许得由下一个世纪来完成，并且后者是紧随前者而来的，不是吗？所以，驳斥十九世纪的强有力的论据之一就是二十世纪的到来；驳斥十八世纪的强有力的论据之一就是十九世纪的到来。尽管世纪的划分完全没有根据，但是似乎思想需要惯例的存在。

费拉里：需要划分时期。

博尔赫斯：是的，似乎这类划分是有必要的，虽然我们知道归纳是不正确的。当然，我这么说也是归纳了。

费拉里：不久前您曾说过，我们这个时代令人叹息的一大损失就是基督教的善恶观。

博尔赫斯：哦，不只是基督教的善恶观，因为基督教很早就有善恶观了，还有伦理观……

费拉里：比如，柏拉图的思想。

博尔赫斯：是的，对。亚里士多德曾宣扬“ethical”（伦理的）这个词，但他不一定非得掌握基督教先知的学问。我认为伦理是每个人与生俱来的能力。比如工作的时候，我们知道自己做得好还是不好；这种判断无须依凭事情的结果，或好或坏，甚至是不幸。

费拉里：然而，您怎么会支持这样一种面对善恶无所作为的伦理观？比如，您能想到一种只有法律意义的伦理观吗？

博尔赫斯：不能。如果我们读过《比利·巴德》，我们就会知道不能。因为麦尔维尔这本备受赞誉的小说讨论的就是正义和法律之间的冲突。法律是将正义编成法典的尝试，但是这种尝试常常失败。这是正常的。

费拉里：您似乎高度赞赏伦理。从某种程度上说，我认为在您看来，拥有伦理比拥有宗教更重要。

博尔赫斯：拥有宗教就是拥有伦理，嗯，一种受到神话推动或妨碍的伦理。

费拉里：（笑）是的……

博尔赫斯：对。在日本，我认为日本人就有这种想法，比如天皇，或者说每一个人，都信奉神道教和佛教。然而，这两种信仰非常不一样。佛教是一种哲学，而神道教是一种泛神论的信仰。神道教有八百万神灵，遍及我们所到之处。我们可以理解为“Omnia sunt plena Jovis”，即“朱庇特遍及万物”，或“神意遍及万物”，正如维吉尔[①]所说。

我记得耶稣会士和新教牧师曾经争论，谁才是福音传道者，或者说循道宗者；争论他们使多少人入教。然后他们做了统计分析，发现那些入教的是同一批人。也就是说，他们曾是佛教徒、神道教徒、天主教徒、新教徒，可能还是摩门教徒。一切宗教都可以理解为真理的不同侧面，因此宗教终究是伦理的不同侧面。当然，伦理在不同的情况下也是不一样的，或者说不能完全等同。

费拉里：我觉得这个想法很有您的特色，博尔赫斯。把伦理延伸到宗教，或者把宗教看作伦理的一个方面。您说过，对话的重点就是愿意探究的精神。

博尔赫斯：是的。对此，有一个观点认为——哎呀，不幸的是这也是柏拉图说的——在一场对话中取胜是错误的，因为这有什么意义呢？如果一个人想方设法只为发现真理，他是从 A、B、C、D、

① 维吉尔（公元前 70—公元前 19），古罗马诗人，代表作有《埃涅阿斯纪》。

E 哪位那里获知的就不重要了。重要的是抵达真理，探究那个可能的真理。不过，总的来说，大家把对话看成争论，对吗？也就是说，在大家的理解中，总会有人输，有人赢，而这是一种妨碍真理或者让真理变得无可企及的方式。纯粹为了个人的正确和虚荣心。为什么想要正确呢？重要的是正确地抵达，而如果有人能够帮助我们，自然更好。

费拉里：不过，这种关于真理的思考，在我看来，更像是来自哲学家，而不是艺术家。艺术家似乎专注对现实的追寻，就是柏拉图所说的“真正的现实”。

博尔赫斯：是的，不过我不知道二者是否有本质区别。

费拉里：当然。

博尔赫斯：我认为作家应该是个有伦理道德的人，当他描述一场梦、一则寓言、一个幻想故事，或者科幻故事的时候，他应该相信他所讲述的内容。他知道，从历史角度看，这件事不是真实的，但它必须被自己的想象力所接纳。再说，读者能看出作者是否接受了自己的想象，因为作品中如果有不真诚的地方，读者马上就能感受到。我认为，读者读过内容之后，他就能看出作者是否真的有过这番想象，或者只是在玩语言游戏。优秀的读者马上就能察觉这点。我相信自己肯定不是一个好作家，却是一个好读者（笑）。做到这点很重要，因为，人总会在写作上投入更少的时间，而在阅读上投入更多的时间。对我来说更是如此，我没有办法亲力亲为。唉，无论是写作还是阅读，我都需要借助别人的眼睛、别人的声音。

费拉里：哦，我和您的看法不同，我认为您在这两件事情上做得一样好。

博尔赫斯：谈到阅读，我想到了《堂吉诃德》，我总是提到它。按照塞万提斯的描述，阿隆索·吉哈诺唯一的经历就是他的那些书。当然，还有他对阿尔堂萨·洛伦索朦胧的爱，可能还有他与桑丘之间的友谊——争执不断、不总是那么美好的友谊。好像堂吉诃德没有童年，我们认识他的时候，他已经五十多岁了，我们对他的第一印象是，他是一个读者。

费拉里：确实。

博尔赫斯：好像那些书是他一生中最重要的东西。因为促使阿隆索·吉哈诺下决心成为堂吉诃德的，正是《高卢的阿马蒂斯》《英国的帕尔梅林》，正是他曾经读过的骑士小说。

费拉里：信仰和信仰的缺失，博尔赫斯，也许会成为走近真实的两条道路、两种方式。

博尔赫斯：……是的，我本质上是有信仰的人。我相信伦理，也相信想象，尤其是我自己的想象。但是，首先，我相信其他人的想象，它们教会我如何展开想象。不过，布莱克认为有三重救赎：第一个例子就是耶稣，耶稣相信伦理上的救赎。一个人会因善行得到救赎。下一个例子，我们说到斯威登堡，他补充了一个观点，即智识上的救赎。在他的想象中，天堂里的天使们无止境地谈论神学的话题。接下来是布莱克，他是斯威登堡这个瑞典人的叛逆的徒弟，他说还有一点，就是美学上的救赎。他明确表示"The fool shall not enter heaven be he over so holy"（呆傻之徒，无论多么圣洁也无法进入天堂）。他认为美学也是一种救赎。还有，他谈到了耶稣，他认为耶稣通过寓言同样实现了美学的救赎。因为事实上，耶稣讲述的不是道理，而是寓言，这些寓言可以被称为艺术品。因此，他说基督同时实现了智识的救赎和美学的救赎。他认为一个完全获得救赎的人，就是一个在道德上、智识上、美学上都获得救赎的人。也就是说，每个人都需要成为艺术家。

时间

奥斯瓦尔多·费拉里：博尔赫斯，您经常思索时间的问题，以及不同的思想家对于时间的观点。

豪尔赫·路易斯·博尔赫斯：是的。

费拉里：有一回，在我们的谈话中，您说时间比我们更真实，或者说，我们的实质是时间，我们由时间构成。

博尔赫斯：我是这么认为的。这是唯心主义的一种观点。因为对于唯物主义者来说，我们的实质是空间，是原子，我们可以这么说。反之,对唯心主义者来说并非如此,实质是被我们叫作时间的梦，是宇宙的进程，而不是容纳我们许多经历的空间和时间。

费拉里：我理解了。

博尔赫斯：因此，当我说我们的实质是时间，我的意思是我是唯心主义者，我认为重要的是之前、当中和之后的连贯，这就是本原。不过，我们可能会想，梦与人无关。换句话说，比如我们说“it rains”（下雨了），在这句话里“rain”（雨）没有主语，仅仅是正在下雨，正在降雨。我们可以把它看作一场没有做梦人的梦。

费拉里：噢，当然。

博尔赫斯：这个例子里，一个动词没有施事的主语。不过，这让人难以理解，人们觉得这是不可能的；然而，这是可能的。噢，萧伯纳有一句话，我提到过很多次，就是“God is in the making”，上帝在生成之中，上帝正在自我生成。而时间的生成就是人们所说的宇宙的进程，或者换一种更平实的说法，是世界的历史。整个宇宙的进程——包括今天下午我们这场对话，包括有人正在做梦、正在经历其他事情等等——就是上帝“在生成之中”。不过，从萧伯纳这句话得出的最重要的结论是，上帝——按照这句话的意思——不会是一个已经存在过或正在存在的生命。如果说上帝正在生成，那么，对我们来说，上帝无论如何都是属于未来的，而不是属于过去的。也就是说，整个宇宙的进程朝上帝的方向前行。

费拉里：这是里尔克的观点，当然。

博尔赫斯：我们朝上帝的方向前行。司各特·爱留根纳，以及在他之前的其他人，认为上帝在宇宙之初，上帝遍布所有创造物——我们可以这么说：矿石、植物、动物，还有人类。但是，往后，世界历史一旦终结，万物将回归上帝。维克多·雨果有一首很美的诗，叫作 *Ce que dit la bouche d'ombre*（《阴影之口如是说》），这个标题本身就是一句诗了。这应该就是对世界历史的一种概括。最后，他想象到万物回归上帝。这代表他认同魔鬼也将回归上帝的观点，邪恶将重新成为宇宙进程的一部分。不过，雨果以他的方式，一种视觉的方，看到了怪物、利维坦、龙、黑天使、撒旦，这一切都将回归神。奇怪的是，有一部戏剧名叫《千岁人》，它或许没有太多神学观点，但就像一部世界历史，从亚当和夏娃在伊甸园开始讲起，到了最后一幕，一切事物回归神。萧伯纳无意中再次梦到了另一个爱尔兰人的梦，九世纪的司各特·爱留根纳，那位从希腊文直接翻译伪狄奥尼修斯的著作的爱尔兰人。而爱留根纳的思想体系恰恰和萧伯纳一样，即一切创造、一切造物均来自上帝，经历漫长曲折的历史进程，最终一切归于神。多奇怪，这两个爱尔兰人。我不知道萧伯纳是否看过司各特·爱留根纳的作品，也许没有，但是他们的思想体系是一样的。萧伯纳在《千岁人》中表达的思想和司各特·爱留根纳在他的论著中所说的一样。

费拉里：多奇怪。

博尔赫斯：是啊，两个爱尔兰人，他们的世界观也相同：世界的源头是上帝，借用豪尔赫·曼里克的诗来说，世界的海也是上帝。就是说，一切始于神。就算当下我们的发展那么复杂，有那么多分歧，那么多战争，但以后我们将一同回归神。在萧伯纳的戏剧中，莉莉丝[1]说，她能看到这个结局，但是往后的一切就看不到了。因此，世界历史就是万物对上帝的回归，这就是萧伯纳戏剧的主题，当然，剧作里少不了戏谑、讽刺的片段。“诸灵最后复原”（apocatástasis），我想这个词来自希腊语，但我的希腊语不够好。因此一切都会如此发展。所以，我们的实质当然应该是时间，或者是上帝。

费拉里：奇怪的是，之前，您写过反驳时间的散文……

① 美索不达米亚和犹太神话中的人物，亚当的第一任妻子。在《千岁人》中出现。

博尔赫斯：噢，那是一种逻辑游戏……

费拉里：嗯，一场盛大的游戏……

博尔赫斯：证据之一就是那个带有讽刺意味的标题，叫作“时间的新反驳”。那么，如果时间不存在，反驳就没有新旧之分。因此，标题已经表明，这是一个玩笑。“新”已经指出了时间概念；然后，“时间的反驳”，代表“时间”这个词不被承认，那么“新”和“旧”这两个词也是无法让人接受的。因为，如果没有时间，就不会有新的、近期的事物，也没有过去的、现在的、将来的，或预测中的事物。

费拉里：然而，它回应了您当时所做的一项严肃的研究。

博尔赫斯：我不知道它是否严肃，我认为它只是一场逻辑的游戏，仅此而已。不过我认真对待了。不管怎么说，我把它印了出来……马尼耶·莫利纳·贝迪纳为封面画了一个沙漏，但它从没发售。后来，它被收录在其他书里。

费拉里：在《探讨别集》里。前注中，您认同胡安·克里索斯托莫·拉菲努尔[①]的看法，如他所说的“从神学研究中净化哲学”。

博尔赫斯：我不记得这句话了。不过，这让我进一步接近我的先祖胡安·克里索斯托莫·拉菲努尔博士。我想走近我的许多位先祖，我未曾有机会与他们中的任何一人交谈。比如，与伊西多罗·苏亚雷斯上校[②]，或者米格尔·埃斯塔尼斯劳·索莱尔将军[③]交谈会有

---

① 胡安·克里索斯托莫·拉菲努尔（1797—1824），阿根廷诗人、哲学家，博尔赫斯的父亲的叔外祖。

② 伊西多罗·苏亚雷斯（1799—1846），阿根廷军人，博尔赫斯的母亲的祖父。

③ 米格尔·埃斯塔尼斯劳·索莱尔（1783—1849），阿根廷军人、政治家，博尔赫斯的母亲的舅公。

多难？我想，如同与其他官员对话一样困难，不是吗？但是胡安·克里索斯托莫·拉菲努尔是一名诗人，他写过……一首很美的挽歌，悼念贝尔格拉诺[①]，至少还有几行令人愉悦的诗句。正如古铁雷斯所说，他是在埃切韦利亚之前典型的浪漫主义诗人。他的诗歌既浪漫又古典。很难找到与他1820年在阿根廷写的诗一样优美、悦耳的诗句了。这么评判似乎不太常见，因为诗人完全缺乏判断。我的另一位先祖，路易斯·德特哈达，他写了一本书叫作《巴比伦的朝圣》，书名很美，但有些骇人。不幸的是，不仅标题骇人，诗的音律还不协调，有些滑稽。

不过，我们偏离有关时间的话题了，这比谈论胡安·克里索斯托莫·拉菲努尔重要。

费拉里：我是想说，不同于胡安·克里索斯托莫·拉菲努尔，您的思想里没有夹杂宗教或神话的观点，也不像萧伯纳或其他作家。

博尔赫斯：人真的需要宗教吗？教义很难理解。佛教不需要神话，因此，我相信我能成为佛教徒，尽管困难重重。佛教要求伦理道德的信仰，也许还要轮回的信仰。但可以肯定的是，佛教不会通过神话要求伦理方面的信仰。有一次，我和日本画家高濑一矢·酒井直树[②]争论，我知道他是佛教徒。我说公元前500年，佛祖诞生于尼泊尔，这是一个事实。听我说完他非常生气，因为他拒绝承认佛祖的历史性。换句话说，重要的是教义，而不是佛祖是否真的存在过。然而基督却向我们施加了一种很难理解的神话。设想基督屈

① 曼努埃尔·贝尔格拉诺（1770—1820），阿根廷律师、军人、政治家。
② 高濑一矢·酒井直树（1927—2001），日裔阿根廷画家。

尊变成凡人，设想他在众人中间自我牺牲来拯救我们，设想人类借助一个外来人的牺牲而得救。这一切都特别、特别难理解。

费拉里：太像人类学？

博尔赫斯：太难了。而佛教，嗯，你能接受它。在日本，你能信仰神道教。你会相信八百万神明。然而，根据佛祖的教义，你不一定需要神的存在。而天主教则非常需要神话：一个化身为人的神，甚至是三位一体的神。这已经超过让我信服的程度了，尽管它很宏大。如果上帝是圣父和圣子，那么这就意味着他在人间度过了三十三年的假期，不是吗？因为他在天堂当上帝的同时，也在人间当一个人，他了解人类的喜好与悲伤。这仿佛是一个无法理解的概念，至少对我来说是这样的。

费拉里：当然。但是，无论如何，神学的主张与信仰的主张有很大区别。

博尔赫斯：嗯，我也是这么想的。

费拉里：有人认为神学应当为信仰的衰败做点什么，因为这正是需要详细阐明信仰的时候。

博尔赫斯：嗯，有一件事情常有人察觉，常有人提及，就是在印度找不到有关灵魂转世的先例，因为人们对轮回转世的信仰是自发的。

费拉里：这就是信仰。

博尔赫斯：反之，我想，大概有四五种有关上帝存在的论证。这恰恰说明了神学家不够有把握，不是吗？因为，我们只有在需要证实某事的时候才需要证据。如果我说三加四等于七，您不理解也没有关系；不过，如果您能理解，您就不需要为此找出更多例子。您无须借助象棋、纸牌、动物、人、书、房子来验证它，您无须这么做。如果某人对您说，有人在月球上发现几块石子，那里三加四不等于七，那就太奇怪了。噢，关于这个我写过一篇小说，讲的是一些会自己变多、变少、成倍增加、自行减半的石子，它们的数量永远不固定。不过，这些只是我在这篇小说虚构出来的魔幻之物，仅此而已。这篇小说叫作《蓝虎》。

费拉里：是的。不管怎么说，我觉得将神学和信仰区分开来很重要。

博尔赫斯：是的，因为神学会成为信仰的论据。

费拉里：神学与信仰差别很大。

博尔赫斯：是的，差别很大，因为人们觉得信仰是最先出现的。

费拉里：当然。

博尔赫斯：不过，圣安瑟伦[①]提出了本体论证明。他个人很虔诚，但是他向上帝祈祷，说："有人不相信天主的存在。我想要论据，以便说服他们，拯救他们的灵魂。"

费拉里：他不是为了说服自己。

博尔赫斯：不是。于是上帝给了他本体论证明。我认为这正是最没有说服力的一种论证。

费拉里：在您对时间的反驳中，最难理解的就是关于世界是否真实的结论。您的推论之一就是，如果世界是真实的，那么您就是

① 安瑟伦（1033—1109），罗马天主教经院哲学家、神学家。

博尔赫斯。

博尔赫斯：啊，确实，对。哦，这是一个令人悲伤的结论，当然（笑）。

费拉里：（笑）不，我觉得并不悲伤。

博尔赫斯：是的，我更想成为另一个人，任何一个人。但假如我是另一个人，我便又不愿再做那个人了，不是吗？多么不幸，每个人都是一个我，或者认为自己就是一个我，他们是一样的。然而，“我”是什么？我们无从得知。我读过这样一本佛教的教义，《弥林达问经》。“弥林达”是弥兰陀王在印度的说法。第一卷，即他向王说的第一件事就是“我不存在”。对佛教徒来说这是第一篇关于信仰的文章，关于“我不存在”。后来这种说法得到休谟、叔本华的支持。在我们中间，马塞多尼奥·费尔南德斯[①]也否认“我”的存在。而我也开始相信，“我”不存在，可这是一个悖论，不是吗？

费拉里：显然是的。

博尔赫斯：因为恰恰是“我”得出了结论，而不是旁人。

费拉里：博尔赫斯将不可避免地以博尔赫斯终结。

博尔赫斯：似乎正是如此。我感到很抱歉（两人都笑了）。但如果有灵魂转世，那就会有另一个博尔赫斯了。但是我将不知道我过去就是博尔赫斯，我会保持平静。这样我就不用再读我的作品了，而我现在正在创作这些作品。

费拉里：这场关于时间对话，您的结论是……

---

① 马塞多尼奥·费尔南德斯（1874—1952），阿根廷作家、哲学家。

博尔赫斯：时间是一个无限的主题，正如时间本身一样无限，不是吗？

费拉里：自然是这样。

博尔赫斯：因为我们无法想象开始或结局。如果我们选择一个时刻当作最初的时刻，那么，在这个时刻之前又有什么呢？

费拉里：而且，正如您所说的，我们依然无法理解什么是永恒。

博尔赫斯：嗯，圣奥古斯丁对永恒做出这样一种解释："上帝并非置身时间中，而是用时间创造了人间。"也就是说，创世的第一刻正是时间的第一刻。不过，我不知道这是否只是一个语言游戏。也许不是。不管怎么说，这种说法让他很满意，不是吗？当上帝创造世界的时候，他创造了时间，所以创世的第一刻就是时间的第一刻。但我不知道这种说法是否解答了什么问题。我不知道是否有人依然相信，第一刻前面还有一个片刻。然后还有上一个片刻，上一个片刻的上一个片刻，无止境地延续下去。

费拉里：没有尽头。我记得，上一次我们谈到时间的时候，您得出结论，艺术和文学必须从时间的束缚中逃离出来。

博尔赫斯：噢，是的，很好，这是一种说法，委婉地表明艺术和文学都应追求永恒。这和如今让我们倍感威胁的"文学社会学"意见相反，不是吗？立场对立。文学比社会学更加重要，因为艺术比科学更重要。总之，比不可靠的、最近虚构出来的科学更重要。

费拉里：当然。而且，这正是里尔克对诗人、作家的建议：写作时将自己当作永恒的存在。我想，从某种程度上说……我觉得有时您也是这么做的。

博尔赫斯：也许我们是永恒的。一切皆有可能。在我们身上，有某种超越自身命运沉浮的东西。当可怕的事发生在某人身上，他便能感知它的存在。我有过这样的经历，比如：一个女人离开了我，我感到很沮丧。然后我想：二十世纪发生在豪尔赫·路易斯·博尔赫斯这个南美作家身上的事情和我有什么关系呢？换句话说，在我身上是不是存在某种东西？在我永恒的自我中，是不是有某种无关我的生活环境、我的姓名、我的奇遇和不幸的东西？我想我们每个人都能感受到它，对不对？我认为这是一种真实的感受，是人身上携带的隐秘的根源，它存在于我们琐碎不断的日常事务之外。

费拉里：是的，这么说，永恒是有可能的，尽管我们无法意识到它的存在。

博尔赫斯：这种可能不在未来。它一直在我们身上。这意味着它是永恒的。

费拉里：也许永恒也是当下的。

博尔赫斯：是的，当下，还将延伸到过去和未来。

图书在版编目（CIP）数据

重逢 ：最后的对话 . 3 / (阿根廷) 豪尔赫 · 路易斯 · 博尔赫斯，(阿根廷) 奥斯瓦尔多 · 费拉里著 ；曾琳译 . -- 北京 ：新星出版社，2022.9

ISBN 978-7-5133-4925-3

Ⅰ . ①重… Ⅱ . ①豪… ②奥… ③曾… Ⅲ . ①博尔赫斯(Borges，Jorge Luis 1899-1986) - 访问记 Ⅳ . ① K837.835.6

中国版本图书馆 CIP 数据核字 (2022) 第 074129 号

重逢 ：最后的对话 .3

[阿根廷] 豪尔赫 · 路易斯 · 博尔赫斯 著

[阿根廷] 奥斯瓦尔多 · 费拉里 著

曾琳 译

责任编辑 汪 欣

特约编辑 梅 清 吕宗蕾

营销编辑 王 靖 李筱竹

封面设计 韩 笑

内文制作 王春雪

责任印制 李珊珊 史广宜

出　　版 新星出版社 www.newstarpress.com

出 版 人 马汝军

社　　址 北京市西城区车公庄大街丙 3 号楼 邮编 100044

电话 (010)88310888 传真 (010)65270449

发　　行 新经典发行有限公司

电话 (010)68423599 邮箱 editor@readinglife.com

法律顾问 北京市岳成律师事务所

印　　刷 山东韵杰文化科技有限公司

开　　本 850mm × 1168mm 1/32

印　　张 7

字　　数 145千字

版　　次 2022年9月第一版 2022年9月第一次印刷

书　　号 ISBN 978-7-5133-4925-3

定　　价 59.00元

CONVERSATIONS: VOLUME 3 BY JORGE LUIS BORGES & OSVALDO FERRARI
First published as “Reencuentro: Diálogos Inéditos” by Editorial Sudamericana in 1998/1999

This edition arranged with THE MARSH AGENCY LTD
Through BIG APPLE AGENCY, INC., LABUAN, MALAYSIA

著作版权合同登记号：01－2022－2506